Abenteuerliche Frauen

SERIE PIPER

Zu diesem Buch

Ob als Fotoreporterin allein durch den afrikanischen Dschungel oder mit dem Fahrrad durchs Katmandu-Tal, als Jagdführerin in Alaska, zu Besuch bei einem senegalesischen Stammeskönig oder als Lehrerin im fernen Bhutan – die fünf Frauen in diesem Buch haben sich einen großen Lebenstraum erfüllt. Ihre Suche nach dem Abenteuer und ihre Sehnsucht nach der Ferne haben sie nach Afrika, Asien und Alaska geführt. Deborah Copaken Kogan, Bettina Selby, Pam Houston, Lieve Joris und Jamie Zeppa erzählen von wunderbaren Naturerlebnissen und lebensgefährlichen Situationen und entführen die Leserinnen in fremde Länder und zu exotischen Völkern. Ein Buch für Frauen mit der Sehnsucht nach Abenteuer und Wildnis im Herzen.

Abenteuerliche Frauen

Starke Geschichten

Piper München Zürich

Zusammenstellung: Annika Krummacher

Originalausgabe
Juni 2001

Umschlag: Büro Hamburg
Stefanie Oberbeck, Isabel Bünermann
Foto Umschlagvorderseite: Ben Osborne/Tony Stone
Gesamtherstellung: Clausen & Bosse, Leck
Printed in Germany ISBN 3-492-23340-6

Inhalt

DEBORAH COPAKEN KOGAN

In der Dichte des Dschungels

Als Fotojournalistin ist Deborah Copaken Kogan (1966) stets auf der Suche nach dem richtigen Motiv und gerät dabei immer wieder in abenteuerliche und gefährliche Situationen. Für eine Recherche über den blutigen Krieg zwischen Wildhütern und Wilderern begibt sie sich in den Dschungel von Simbabwe. Das Propellerflugzeug, das sie dort absetzen soll, ist verschwunden, noch ehe sie den Piloten nach dem Weg fragen kann, und Deborah steht mutterseelenallein, ohne Kompaß und Landkarte, mitten in der Wildnis …*

Der Pilot läßt den Steuerknüppel los. »Du bist der Kopilot, also flieg auch«, ruft er laut, um den Lärm des Motors zu übertönen. Er kichert in sich hinein. »Ist nicht schwer. Ziehen, wenn du hoch willst, drücken, wenn du runter willst. Mehr nicht. Na los, übernimm das Steuer.« Er verschränkt die Hände demonstrativ hinter dem Kopf und tut so, als würde er es sich bequem machen.

Instinktiv greife ich nach dem Ding, das wie ein halbes Lenkrad aussieht, und ziehe daran. Die Nase des Flugzeugs weist nach oben. Ich drücke das Ding hinein. Die Nase des Flugzeugs zeigt nach unten. Ich lenke nach rechts. Ich steuere nach links. »Ich fliege!« rufe ich, als sei ich Wendy in »Peter Pan«. Es ist ein kleines Propellerflugzeug – vorne zwei Plätze mit jeweils einer Steuervorrichtung, hinten vier leere Sitze. Ich habe dem Piloten 150 Dollar bar auf die Hand gezahlt, damit er mich von den Victoria-Fällen den Sambesi entlang zum Landeplatz von Mana Pools fliegt. Wie Julians Freund angekündigt hatte, war es ziemlich einfach, das Flugzeug zu chartern. Unter uns zieht ein Meer von winzigen grünen Bäumen vorbei.

»Und, wer wartet da unten auf dich?« fragt mich der Pilot und greift hastig nach seinem Steuerknüppel, als sich das Flugzeug zur Seite neigt.

»Niemand. He, laß mich noch mal versuchen. Ich passe auch besser auf.« Der Pilot gibt nach und läßt mich noch einmal steuern.

»Wie meinst du das, ›niemand‹?«

Ich erkläre ihm meine mißliche Lage: daß mir eigentlich per Fax Beförderung und Begleitung garantiert wurden, daß die Einsatztruppe der Operation Stronghold telefonisch nicht zu erreichen ist. Ich erzähle ihm von Nduku und all dem Geld, das ich bereits ausgegeben habe.

Der Pilot schüttelt den Kopf und lacht. »Also weiß keiner, daß du kommst?«

»Na ja, es weiß keiner, daß ich heute komme«, antworte ich, »aber sie müssen ja ein Telex vom Konsulat erhalten haben, daß ich irgendwann komme.«

»Ojemine«, sagt er und übernimmt wieder das Steuer. »Na, entspann dich. Ich fliege.«

Als wir später den Landeanflug beginnen, zeigt

der Pilot auf eine Lichtung zwischen den Bäumen. »Siehst du das?« fragt er und grinst schadenfroh. »Das ist der Flughafen.«

»Ich sehe keinen Flughafen.«

»Dann streng mal deine Phantasie an! Hier, das da« – er weist auf die Bäume zur Rechten – »das ist die Ankunftshalle. Und da« – er zeigt auf die Bäume zur Linken – »da ist der Abflug. Und da hinten«, lacht er und deutet in die Ferne, »das sind die Taxis!« Ich sehe in die Richtung, in die er zeigt, und entdecke eine Herde von einem Dutzend Elefanten, die am Rande der Lichtung entlangtrotten.

»Sehr komisch«, entgegne ich, lache jedoch nicht. Als Julian von einer Landebahn sprach, stellte ich mir natürlich keinen richtigen Flughafen vor, sondern, na ja, wenigstens eine Betonpiste. Mit einem kleinen Gebäude. Und so etwas wie eine Straße.

Nachdem wir auf einer schmalen Sandpiste im Gras gelandet sind, hilft mir der Pilot aus dem Flugzeug und lädt meinen Rucksack, die Kameratasche und den Pappkarton mit Lebensmitteln aus. Er stellt alles ordentlich nebeneinander. Die Lichtung ist nicht größer als der Sportplatz einer High-School. Sie ist von Bäumen umgeben. Es ist Mittagszeit, die heiße Sonne brennt senkrecht herab, und die Vögel und Insekten tschirpen, zwitschern und trällern eine schräge Oper. Plötzlich höre ich zwischen den angenehmen Geräuschen ein deutlich vernehmbares Brüllen. »Was war das?« frage ich den Piloten. Wie als Antwort auf meine Frage erklingt aus den Bäumen hinter mir nochmals ein Brüllen.

»Wahrscheinlich ein Löwe. Denen gehst du besser aus dem Weg«, sagt er mit dem gleichen Ernst, mit dem der Sprecher morgens in den Verkehrsnachrichten die Zuhörer auf einen Stau auf der Autobahn hinweist. Er springt ins Flugzeug und ruft über die Schulter zurück: »Also – ich muß wieder zu den Fällen. Mein nächster Flug geht um zwei. Alles Gute!«

»Danke. Ach, in welche Richtung muß ich denn?« rufe ich ihm zu, aber der Pilot hat die Tür bereits geschlossen, die Propeller rotieren, und das Flugzeug dreht sich wieder der Landebahn zu. Ich sehe es abheben und im blauen Himmel verschwinden, blicke mich um und halte mir meine Situation vor Augen: Hier stehe ich mit meinem Rucksack, meinem Freßkarton, meiner Kameratasche. Um mich herum ein freies Feld, Gras, Bäume, Himmel und Sonne. Und etwas, das brüllt.

Ich bin völlig allein. Nein, das ist untertrieben. Ich stehe mutterseelenallein irgendwo im Dschungel von Simbabwe, umgeben von wilden Tieren, vollgepackt, ohne Kompaß oder Landkarte und ohne den geringsten Anhaltspunkt.

Und keiner weiß, daß ich komme.

Okay, denke ich, jetzt mal zur Abwechslung den Kopf anstrengen. Julians Freund hat gesagt, die Landebahn läge ein paar Kilometer südlich vom

Basislager der Operation Stronghold. Das bedeutet, ich muß nach Norden gehen. Aus meiner Weste ziehe ich das zerknitterte Papier hervor und versuche, Julians Gekrakel zu entziffern. Da steht: »Mana Pools. Landebahn. Straße führt zum Camp am Sambesi.« Straße? Straße? Ich sehe keine Straße. Aber irgendwo muß doch eine sein. Es kann doch keine Landebahn ohne Straße geben.

Ich lasse meine Sachen mitten auf der Wiese stehen und gehe den Rand der Lichtung ab, suche nach irgendeinem Hinweis auf einen Fahrweg. Was ich finde, sieht nicht wie eine Straße, sondern eher wie ein schmaler Pfad aus, der parallel zur Landebahn verläuft, aber irgendwo muß er ja hinführen, also werde ich ihn entlanggehen. Die Frage ist nur: in welche Richtung? Da die Sonne senkrecht über mir steht, weiß ich nicht, wo Norden ist. Außerdem: Wie ist das eigentlich, wenn ich mich südlich des Äquators befinde? Steht die Sonne dann im nördlichen Teil des Himmels? Eigentlich schon, oder? Badewannen laufen hier andersrum aus. Winter ist Sommer. Also muß Norden Süden sein. Bloß sieht die Straße aus, als führe sie von Osten nach Westen. Oder von Westen nach Osten. Oder keines von beidem. Wenn wir bei der Pfadfindergruppe für Mädchen doch nur etwas weniger genäht und Kekse verkauft und dafür, wie die Jungen, ein bißchen mehr geübt hätten, uns im Wald zurechtzufinden, dann wüßte ich jetzt Bescheid.

Ich kehre zu meinem Gepäck zurück, lade mir

den Rucksack wieder auf den Rücken und hänge mir die Kameratasche über die Schulter. Dann nehme ich den schweren Pappkarton und stapfe los. Das ist doch albern, denke ich. So schaffe ich nicht einen Kilometer, ach, keine zwanzig Meter. Und Xavier wollte, daß ich eine Lichtausrüstung mitnehme! So ein Arschloch. Die Vorstellung, wie ich zusätzlich zu all meinem Gepäck noch drei Kisten mit Lampen herumschleppe, gibt mir den Rest. Da stehe ich mitten im Dschungel, beladen wie eine Lumpensammlerin, und lache hysterisch. So muß es sich anfühlen, wenn man auf der Schwelle zum Wahnsinn steht.

Ich trage alles zu dem Weg hinüber. Also: rechts oder links?

Welche Richtung soll es sein?

Ich wähle rechts, aber nicht, weil der Weg dort weniger ausgetreten aussieht als links. Ich muß mich einfach nur entscheiden. Egal wie.

Für einen Moment spiele ich mit der Idee, die Freßkiste stehenzulassen und sie später zu holen, aber ich bin mir sicher, daß es hier Tiere gibt, die viel größer und hungriger als ich sind und ganz verrückt darauf, ein paar von meinen Müsliriegeln mit Hafer und Rosinen zu verschlingen. Die Chance, daß die Kiste bei meiner Rückkehr noch da sein würde, ist praktisch gleich Null, und ich habe keine Lust, in die Liste meiner Leiden auch noch den Hunger aufzunehmen. Deshalb stelle ich den Karton auf den Boden und versuche ihn per Fußtritt vorwärtszubewegen. Doch bei jedem Tritt rutscht mir die Kamera von der Schulter. Dann kommt mir der geniale Einfall, die Kameratasche auf die Kiste zu legen, und jetzt klappt es. Die nächste Stunde schiebe und ziehe ich die Kiste und meine Kameras den Trampelpfad entlang, schaffe auf diese Weise noch nicht mal einen Kilometer und habe nicht die geringste Ahnung, ob ich mich überhaupt in die richtige Richtung bewege. Es ist zwar noch sehr heiß, aber dank der hohen Bäume liegt der Weg im Schatten. Als ich mich an den Rhythmus dieser sinnlosen Übung gewöhnt habe – schieben, kratz, anhalten, ziehen, kratz, anhalten, schieben, kratz, anhalten, seufzen, ausruhen –, werde ich etwas ruhiger und lausche schwitzend und erschöpft all den Lauten um mich herum.

Geräusche hallen durch das ruhige, üppige Grün wie eine Symphonie von Mozart. Die Affen übernehmen den Part der Streicher, ihr hohes Kreischen bildet die zugrundeliegende Melodie. Die Vögel sind die Flöten, die Insekten die Rhythmusinstrumente, die in der Ferne trompetenden Elefanten stellen die Blechbläser. Außerdem gibt es noch ein seltsames tiefes Schnaufen, das mich an den Baß erinnert (wie ich später herausfinden soll, sind das die Laute der Flußpferde; wäre ich dschungelerfahrener gewesen, hätte ich daraus auf die Nähe des Wassers schließen können).

Aber hinter dem Lärm des tierischen Orchesters lauert eine tiefe, lähmende Stille. Ich bin sowieso zu müde, um weiterzugehen, und zerre meine Sachen deshalb an den Wegesrand, setze mich auf einen Stein, schließe die Augen und lausche einfach. Das ist so ein filmreifer Moment, in dem man sich seiner selbst bewußt wird, in dem einem die ganze Absurdität der Situation aufgeht – ich sitze hier ganz allein mit geschlossenen Augen mitten im Dschungel auf einem Stein, lausche der Stille und philosophiere vor mich hin – und man trotzdem nicht aufhört, ja, es sogar genießt.

Die wichtigste philosophische Frage, die mir momentan durch den Kopf geht, dreht sich allerdings um die Vorstellung, wie ich von einem Löwen in Stücke gerissen werde. Jagen Löwen in Wildtierreservaten Menschen? Oder haben sie sich schon so an die aus ihren Landrovern glotzenden Touristen gewöhnt, daß sie ihnen schnurzegal sind? Bin ich in Gefahr? Ich weiß nicht, was schlimmer ist: wenn man genau weiß, welche Gefahren hinter den Bäumen lauern, oder wenn man überhaupt keine Ahnung hat.

Ich stehe auf und mache mich wieder an die Arbeit. Schieben, kratz, anhalten. Ziehen, kratz, anhalten. Seufzen, ausruhen. Und in dem Moment, als ich gerade kurz davor bin, alle Hoffnung aufzugeben, höre ich das Grummeln eines Motors. Dann Gelächter. Und dann taucht aus meiner Richtung ein Jeep auf, in dem drei Männer mit bloßem Oberkörper sitzen. Wenn das kein Zeichen ist: ein dreifacher »deus« in einer »machina«.

»He, du da!« ruft der Fahrer. »Du siehst aus, als wärst du froh, wenn wir dich mitnehmen.« Muß ein Australier sein, nach seiner Aussprache zu urteilen.

»Ach ja?« sage ich. »Wie kommst du denn darauf?« Ich schiebe eine Haarsträhne hinters Ohr, die sich aus meinem Zopf gelöst hat, und wische mir noch schnell den Schweiß von der Stirn.

»Ich bin Darien. Das sind meine Kumpel Will und Connor. Wir machen hier Urlaub.« Hinten im Jeep steht eine Kiste Foster's Ale. Woran liegt es, daß man, wohin es einen auf diesem riesigen Planeten auch verschlägt, überall Australier auf Urlaub trifft? Muß was damit zu tun haben, daß sie in einer ehemaligen Strafkolonie leben. Wahrscheinlich sind sie schon genetisch auf die Suche nach Freiheit und Weite programmiert.

Ich stelle mich ebenfalls vor. Gegenseitige Begrüßung und Händeschütteln.

»Und? Wo willst du hin?« fragt Connor. Oder ist das Will? Sie sehen alle drei gleich aus: blond, muskulös, bloßer Oberkörper. Ich fühle mich wie eine zu schick angezogene Statistin in einer Bierreklame.

»Wo ich hin will?« Ich starre die Australier an, auf den mit Lichtflecken übersäten Fahrweg, in den dichten, scheinbar endlosen Wald. »Tja«, sage ich und grinse, »wenn ich das wüßte.«

Die Männer helfen mir, meine Sachen auf den Jeep zu laden. Ich setze mich auf die Bierkiste, und

Darien fährt in die Richtung, in die ich vorher gegangen bin. Sie sind auf Safari, erzählen sie mir, tagsüber fahren sie auf der Suche nach wilden Tieren herum, abends essen, trinken und feiern sie um ein Lagerfeuer am Ufer des Sambesi. Ich solle mich ihnen doch anschließen, schlagen sie vor. Ich erwidere, das klinge verlockend, aber ich müsse Fotos vom Nashornkrieg machen. Ich erzähle ihnen von den Wilderern, der neuen Durchgreifpolitik, der Operation Stronghold. »Ein Nashornkrieg?« fragt Darien und schaltet in den dritten Gang. »Also darum laufen hier diese Typen mit ihren Knarren herum.« Der Fahrtwind weht ihm die blonden Locken aus der Stirn.

»Hast du welche gesehen?« erkundige ich mich.

»Ja. Sie haben eine Menge Maschinengewehre und einen alten Hubschrauber. Der hebt jeden Tag mit ein paar Leuten drin ab und kommt abends wieder. Ich dachte, das war so 'ne Art Militärübung.«

»Dann bist du also Fotoreporterin?« fragt Will in dem Bemühen, Konversation zu machen. Ich sitze praktisch auf seinem Schoß, eingequetscht zwischen den Foster's-Flaschen und seiner nackten Brust. »Muß ja spannend sein.« Er hebt die Augenbrauen. Darien beobachtet uns im Rückspiegel und sagt Will, er solle aufhören zu flirten. Er hätte mich zuerst entdeckt.

»Wißt ihr was?« sage ich gähnend, »manchmal geht mir das echt auf die Nerven.«

Wir fahren noch ein bißchen, und auf einmal öffnet sich der Wald und gibt den Blick frei auf eine Lichtung am Ufer des Sambesi. Im flachen, ruhigen Wasser tauchen und schnaufen fröhlich mindestens vierzig Nilpferde. Eine Elefantenfamilie trinkt. Hunderte von Vögeln flattern umher. Ein paar Affen tollen in den Bäumen. Ich kann mich des Gedankens nicht erwehren, das Ganze sehe unecht aus, wie ein Filmset.

Wir fahren weiter, bis wir zu ein paar baufälligen Holzhütten von der Art kommen, wie es sie bei uns im Sommercamp gab: olivgrün gestrichen und mit Fliegengittern anstelle von Fenstern.

»Da wären wir«, sagt Darien und hält an, damit ich aussteigen kann. »Hier wohnen die Männer mit den Knarren.« Er lädt meine Ausrüstung ab, tut so, als wolle er mir die Hand küssen, und ermuntert mich, später den knappen Kilometer flußabwärts zu marschieren und ihm und seinen Kumpeln zu helfen, das Foster's wegzuputzen. »Du kannst dein Zelt neben unserem aufstellen. Wir beschützen dich vor den Löwen«, sagt er augenzwinkernd.

»Aber sicher«, sage ich und zwinkere zurück, »nur hab ich nicht mal ein Zelt zum Aufstellen. Danke fürs Mitnehmen, aber ich glaube, ich schlafe heute abend am besten alleine, wenn es euch recht ist, Jungs.«

Das kommt so sarkastisch heraus, daß Darien beleidigt ist. Es tut mir leid. Er hat mich gerade vor weiteren ein, zwei Stunden Marsch mit vollem Gepäck durch den Dschungel bewahrt, und ich revanchiere mich dafür, indem ich andeute, er und seine betrunkenen Freunde würden sich nur mit mir vergnügen wollen. Dabei sind sie bestimmt nur harmlose Beuteltierchen, die nett zu einer Fremden sind.

Aber ich habe keine Lust mehr, dafür zu zahlen, wenn mich mein Instinkt trügt. Vielleicht waren die hinter den Bäumen brüllenden Löwen harmlos, weil sie bereits eine dicke Antilope intus hatten. Vielleicht aber auch nicht. Aber warum, um alles in der Welt, sollte ich ihnen Gelegenheit geben, sich über ihren Appetit Gedanken zu machen?

Mark, der oberste Wildhüter von Mana Pools und somit Kommandeur von Operation Stronghold; sieht mich an, als wäre ich ein Alien. »Fotografin? Aus Paris, sagen Sie? Das ist ja komisch. Davon hat mir keiner was gesagt.« Er spricht mit der ruhigen Höflichkeit eines Menschen, der es in seinem Leben noch nie eilig gehabt hat. Wir befinden uns in einer der Hütten, und Mark geht zum Wandkalender hinüber, der über seinem leeren Schreibtisch hängt, und sieht nach, ob dort etwas Derartiges eingetragen ist, aber nicht mal ein Geburtstag unterbricht die saubere Leere der weißen Kästchen. Er ist ein Weißer, trägt ein kurzärmeliges Uniformhemd und Shorts in Khaki, dazu Wanderstiefel. An seinem rechten, braungebrannten Knie ist etwas Dreck; in seinem Bart hängen ein paar Krumen. Höflich erklärt er mir, er könne mich nicht mit seinen Soldaten auf Patrouille gehen lassen, da ich keinerlei schriftliche Erlaubnis von Nduku besäße. »Aber Sie können natürlich unten am Fluß zelten. Zu dieser Jahreszeit ist das herrlich.«

»Aber ich habe eine schriftliche Erlaubnis von Nduku«, widerspreche ich. Ich zeige ihm mein Fax, verschweige aber die ganze Erpressungsgeschichte mit der Sexforderung. Jetzt, wo ich hier bin, ist das doch egal, oder?

»Komisch«, meint er. Er dreht das Fax um, als suche er auf der leeren Rückseite nach einer Erklärung. »Normalerweise informiert uns das Pressebüro, wenn jemand kommt. Haben Sie Nduku in Harare aufgesucht?«

»Nein«, lüge ich.

»Ach, dann liegt's wahrscheinlich daran. Hätten Sie eigentlich tun sollen. Er hätte die Fahrt hierher organisiert. Wie sind Sie überhaupt hergekommen?«

Ich erzähle ihm, ich hätte bei den Victoria-Fällen ein Flugzeug gechartert.

»Na dann, auch egal«, meint Mark und schüttelt mir die Hand. »Willkommen in unserem kleinen Krieg.«

»Danke.« Wir sprechen kurz den Tagesablauf durch. Er erzählt mir, daß die Soldaten morgens um acht Uhr auf Patrouille gehen und nach Spuren von Wilderern suchen – kreisende Geier, Überreste von Lagerfeuern, tote Nashörner mit blutigen

Stümpfen anstelle von Hörnern. »Und wenn Sie einen Wilderer erwischen?« frage ich.

»Erschießen wir ihn«, lautet die Antwort. Mein Gepäck lenkt ihn ab: »Haben Sie ein Zelt dabei?«

»Nein.«

»Schon gut, ich glaube, ich hab noch irgendwo ein altes herumliegen.« Er kratzt sich nachdenklich am Bart.

Obwohl die Soldaten in schlafsaalähnlichen Hütten übernachten, rät Mark mir davon ab, ebenfalls dort zu schlafen. »Das ist keine gute Idee«, sagt er in einem Ton, der jede weitere Erklärung überflüssig macht. Ich schweige.

Keine Ahnung, warum ich einfach davon ausgegangen bin, ich könne irgendwo schlafen. Egal, denke ich. Das Zelten wird bestimmt nett.

Mark kramt in den Ecken seiner Hütte herum, kann das alte Zelt jedoch nirgends finden. Einen Moment lang ziehe ich in Erwägung, zu den Australiern zu gehen, aber da kein Regen angesagt ist, entschließe ich mich, mit dem Schlafsack unter offenem Himmel zu nächtigen. Ich leihe mir von Mark einen Topf, trage meine Sachen die paar hundert Meter zum Zeltplatz am Fluß hinunter, setze mich auf einen Stein, sammle Holz zusammen, entzünde ein Feuer und koche mir drei Eier zum Abendessen. Es dämmert, vor mir fließt breit, still und voller Leben der Sambesi dahin. Die Flußpferde sind noch immer da, tauchen auf und unter, schnauben, tun fett und unschuldig einfach das, was Flußpferde so tun. Aber man hat mich vor ihnen gewarnt. Sie seien zwar Vegetarier, meinte Mark, aber wenn man ihnen in den Weg käme, rissen sie einem den Kopf ab.

Ein einzelner Elefant trottet in weniger als zehn Metern Entfernung vorbei. Er bleibt zum Trinken stehen, sieht mich, geht weiter. Im schwindenden Licht wirkt er zweidimensional und dunkel, wie ein großer schwarzer ausgeschnittener Papierelefant. Zwei Krokodilaugen und die Spitze einer Schnauze gleiten wie ein leises Flüstern übers Wasser und ziehen geisterhaft eine V-förmige Welle hinter sich her. Selbst die Affen wissen, daß sie jetzt schweigen müssen, und überlassen den Grillen das letzte Wort.

Ich pelle eins meiner hartgekochten Eier und lasse die Schale zu Boden fallen. Ich habe solchen Hunger, daß ich es mit zwei Bissen vertilge, und genieße es, wie der schwere Dotter sich durch meine Speiseröhre quetscht und mir wie ein Stein in den Magen fällt. Die nächsten beiden verschlinge ich genauso schnell und spüle sie mit Apfelsaft herunter. Dann pelle ich eine Apfelsine, die Rinde schiebt sich unter meine Fingernägel, das süße Fruchtfleisch zerplatzt zwischen meinen Zähnen. Als das letzte Stück gegessen ist, zünde ich mir eine Zigarette an und blase den Qualm über den Fluß.

Wer hätte gedacht, daß es so friedlich sein kann, über einen Krieg zu berichten?

Ich starre hinauf in die immer dicker werdende

Suppe von Sternen und denke an die Mutter, die ihren Platz im Bus zu den Victoria-Fällen mit mir teilte. Wie schön muß es sein, von seiner eigenen Rolle im Leben so fest überzeugt zu sein, sagen zu können: »So einfach ist das.« Ich bin neidisch. Für mich ist noch nie etwas so einfach gewesen. Weder Männer noch Arbeit, Moral, Liebe, Vertrauen, Menschen, Politik, Sex oder Gott und ganz bestimmt nicht das Kinderkriegen.

Etwas Nasses, Schleimiges fällt mir auf die Stirn und weckt mich. »Bäh, wie ekelig!« rufe ich, doch fesselt mich der Anblick des Sonnenaufgangs und des Sambesi (Wo bin ich? Hier wohne ich doch nicht!) stärker als die schleimähnliche Flüssigkeit, die mir jetzt die Wangen herunterläuft. Ich habe in meinen Klamotten geschlafen, jetzt öffne ich den Schlafsack, stehe auf und versuche, die morgendliche Schwere abzuschütteln. Mit dem Saum des T-Shirts wische ich mir die Schmiere aus dem Gesicht. Sie ist durchsichtig und so gut wie geruchlos, kann also keine Vogelscheiße sein. Vielleicht irgendein seltenes Baumharz, von dem ich noch nie gehört habe. Ich sehe hoch in die riesigen Bäume, und plötzlich wird mir alles klar. Dort hocken auf einem Ast zwei äußerst zufriedene Affen, zerdrükken mit der Hand ein Ei nach dem anderen und saugen die nahrhafte Flüssigkeit heraus. Sie kreischen und brüllen vor äffischer Freude. Ein dritter versucht gerade, mit den Zähnen eine Packung Käsecracker aufzureißen. Ich sehe blitzschnell dahin, wo mein Freßkarton stand, doch ich weiß bereits, bevor ich den leeren Fleck sehe, daß er nicht mehr da ist.

Was bin ich doch für eine Idiotin. Ich hätte den Karton in Marks Hütte lassen sollen. Aber viel mehr verwirrt mich, daß ich gerade von dem Kind geträumt habe, das Gabe und ich nie bekommen haben, und mittendrin von einem vom Himmel fallenden Eiweißklecks geweckt wurde. Soll das ein Zeichen sein? Ich glaube nicht an Zeichen.

Wieder blicke ich zu den Affen hoch, mein Magen knurrt. Ich rauche eine Zigarette, um ihn zu beruhigen. Doch als ich mich gerade frage, wie ich die nächsten ein, zwei Wochen ohne Essen überstehen soll, trifft Marks alter Waffenbruder Ray mit einem blauen Pick-up im Lager ein. Auf der Ladefläche ruckeln eine mit einem Schloß verhängte Kiste voller Essen, drei Kisten Bier, ein Gewehr, eine Kerosinlampe, Wasser in Flaschen, ein Zelt und sogar ein paar Liegestühle. Ray und Mark haben Seite an Seite im rhodesischen Befreiungskrieg gekämpft, erzählt er mir, deshalb schaut Ray immer, wenn er ein bißchen Urlaub angespart hat, in Mana Pools vorbei, um dort zu zelten, seinem Kumpel beim Erschießen von Wilderern zu helfen und die alten ruhmreichen Tage noch mal aufleben zu lassen. »Verstehst du, damals war Rhodesien noch Rhodesien, und alle wußten, wo sie hingehörten«, sagte er wehmütig. Ray ist Mitte Vierzig, ein Weißer, ledig, dünn und kahlköpfig und trägt kniehohe Strümpfe zu Kampfstiefeln und Khakishorts. Und er besitzt das fetteste Schweizer Messer, das ich je gesehen habe. Ich habe den Eindruck, daß die Operation Stronghold – bei der vor allem weiße Befehlshaber arme schwarze Wilderer erschießen – für Ray ein willkommener Anlaß zur Rache ist.

Aber Ray macht auch geniale Spaghetti Carbonara, und ich hab nichts zu essen. Also was tun? Mit einem Rassisten essen oder ihn meiden und hungern? Die Antwort scheint mir auf der Hand zu liegen. Ich will seinen Fanatismus ganz bestimmt nicht verteidigen, aber er hat viele Freunde in dem Krieg sterben sehen. Das kann einen schon verbittern, oder?

Noch schlimmer ist – weil ich ihn wirklich hassen will –, daß Ray trotz seines unreflektierten Rassismus ein gutes Herz hat. Eines Morgens wache ich nicht, wie sonst immer, unter freiem Himmel auf, sondern in Rays Zelt. Ich bin völlig verwirrt. Ich gehe nach draußen und entdecke ihn auf der Ladefläche seines Pick-ups, zugedeckt mit einer Plastikfolie, aber trotzdem pitschnaß. »Es hat mitten in der Nacht zu regnen angefangen«, sagt er zitternd. »Ich wollte nicht, daß du naß wirst.«

In den nächsten Tagen gehe ich mehrmals mit den Truppen auf Patrouille. Manchmal nehmen wir den Landrover. Manchmal kann ich im Hubschrauber mitkommen. Wir sehen zwar viele Elefanten – ehrlich: tonnenweise! –, aber nie einen Wilderer oder ein totes Nashorn, ja, nicht einmal ein lebendes Nashorn. Stundenlang fahren wir durchs Reservat wie Touris auf Safari, die rein zufällig ein paar holländische vollautomatische Sturmgewehre schußbereit haben.

Da ich weiß, daß Xavier nur Bilder mit gutem Licht akzeptiert, mache ich die meisten Aufnahmen frühmorgens oder spätnachmittags, um die krassen Schatten über Mittag zu vermeiden. Am liebsten ist mir die Zeit kurz vor Sonnenuntergang, wenn alles glänzt wie vergoldet. Wer einmal den Film »In der Glut des Südens« von Terrence Malick gesehen hat, der fast ausschließlich um diese Tageszeit gedreht wurde, weiß, was ich meine.

Dementsprechend habe ich zwischen zehn und vier nicht viel zu tun. Die meiste Zeit sitze ich in einem von Rays Liegestühlen, betrachte den Sambesi, lese meinen García Márquez oder mache mir Sorgen ums Geld. Dies ist eine teure Reise, und ich habe nur Bilder von lachenden Soldaten, die in einem Landrover herumfahren, was ganz und gar nicht nach Krieg aussieht. Und wie immer kann ich es mir nicht leisten, diese Story nicht zu verkaufen.

Deshalb frage ich eines Spätnachmittags kurz vor der Zeit des Sonnenuntergangs drei Soldaten, ob sie mit mir und ihren Gewehren zum Sambesi herunterkommen würden. Ich positioniere sie in einem Dreieck im hohen Ufergras und sage ihnen, sie sollen sich hinhocken und die Gewehre so halten, als hätten sie gerade ein Rascheln in den Bäumen gehört, das vielleicht von einem Wilderer stammt. »Guckt richtig böse«, weise ich sie an. Sie lachen sich erst einmal halb tot, aber als sie schließlich stillhalten, sieht das Bild bei mir im Sucher toll aus: gute Komposition, herrlich satte Farben, unglaubliche Tiefenschärfe, glänzende Gewehre, angsteinflößende Soldaten. Ist doch nur photo montée, versuche ich mir einzureden, das macht hier jeder Fotograf. Aber ich fühle mich wie ein Verbrecher.

Da entdecke ich einen Elefanten, der durch das Riedgras am Flußufer stapft: Seine Haut strahlt rot in der untergehenden Sonne. Ich entlasse die Soldaten mit einem »Danke, Jungs, nett von euch« und verschieße zu meiner eigenen Aufmunterung einen ganzen Film von dem Elefanten.

Am nächsten Morgen bitte ich Mark, in dem noch zarten, kühlen Licht mit mir zu dem Haufen von Nashornschädeln zu kommen, die vor seiner Hütte herumliegen. »Wurden die alle von Wilderern getötet?« will ich wissen.

»Wahrscheinlich nicht«, antwortet er. »Ein paar von denen sind mit Sicherheit auch an natürlichen Ursachen gestorben. Ich sammle sie einfach so. Sie liegen im Gras herum, oder die Leute bringen sie mir ...«

»Egal. Hock dich doch einfach in die Mitte und guck so, als ob dich die ganzen Schädel richtig traurig machen.« Ich verschieße einen ganzen Film. »Klasse, Mark, danke schön.«

Ist nur photo montée, ist nur photo montée, ist nur photo montée ... Scheiße! Da könnte ich ja gleich in die Werbefotografie gehen. Das wird immerhin besser bezahlt, und zusätzlich bekommt man noch einen Stylisten und jemanden fürs Make-up. Mal sehen: Ich habe mich mit einem Fanatiker eingelassen, weil ich Hunger hatte, und mache gestellte Fotos, damit ich nicht hungern muß, wenn ich wieder in Paris bin. Bei dem Tempo kann es nicht mehr lange dauern, bis ich mein letztes Prinzip über Bord werfe.

»Ist das alles? Hast du jetzt alles, was du brauchst?« fragt mich Mark und steigt vorsichtig über die Schädel, um sie nicht zu zertreten. »Oder erzählst du mir gleich wie die ganzen anderen Journalisten, daß ich dich erst wieder loswerde, wenn du einen toten Wilderer gefunden hast?«

»Hm, tja, wo du schon davon sprichst ...« Sicher, mach mal! Töte einen Menschen, ich brauch ein Bild davon.

Mark sagt, sie hätten seit über drei Monaten keinen Wilderer mehr geschnappt. Toller Krieg. Er meint, ich könne gern länger bleiben, aber Ray würde in einer Woche zurück nach Harare fahren und nähme dann das Essen und die Liegestühle wieder mit.

»Keine Sorge«, erwidere ich. »Ich bleibe nicht ewig hier. Ich werde mit Ray zurückfahren.« Dann spare ich zumindest das Geld.

Zwei Tage vor unserer geplanten Rückfahrt nach

Harare patrouilliere ich am späten Nachmittag mit Mark und ein paar Soldaten durch die Gegend, als wir in der Ferne einen Schwarm Geier kreisen sehen. Mark legt den vierten Gang ein, und los geht's über die unbefestigte Straße. Der Wind zerzaust mir das Haar, bis es vollkommen verheddert ist. Beim letzten Mal fanden wir bei so einer Aktion lediglich einen toten Elefanten, daher bin ich nicht sonderlich aufgeregt. Aber als wir das Gewimmel von Geiern erreichen, ist es soweit: ein totes Rhinozeros. Und wo das Horn sitzen sollte, ist eine klaffende, blutverkrustete Wunde.

Wir steigen alle aus und gehen zu dem abgeschlachteten wilden Tier hinüber. Verwesungsgestank liegt in der Luft, und die über hundert Geier machen uns kaum Platz. Mark nähert sich dem Kadaver und untersucht ihn. »Der liegt hier seit mindestens ein, zwei Tagen, wenn nicht schon länger«, sagt er und hält sich würgend die Nase zu. Der graue, mit weißer Geierscheiße bekleckste Panzer des Nashorns sieht aus, als sei Jackson Pollock dagewesen. Mark kommt zurück, holt seine Landkarte heraus und markiert die Stelle, an der wir uns befinden, mit einem roten Kreuz. Dann ruft er seine Soldaten herbei. »Okay, Leute, in diesem Gebiet hier müssen wir suchen ...« Er malt einen unsichtbaren Kreis um das Kreuz. »Morgen früh zieht ihr los und haltet Ausschau nach Rauch. Jetzt fahren wir zurück. Ich muß das hier durchfunken.«

»Rauch?« frage ich.

Mark grinst mich an. »Auch Wilderer wollen was Warmes zum Frühstück.«

Als ich am nächsten Morgen aufwache, ist Ray weg. Er ist nicht in seinem Zelt, nicht in seinem Auto, nicht zum Austreten im Wald. Verdammt. Hoffentlich ist er nicht ohne mich auf Patrouille gegangen. Ich finde eine schmutzige Schüssel, spüle sie mit Wasser aus meiner Feldflasche, gebe etwas Milchpulver und Müsli hinein und setze mich zum Essen in einen Liegestuhl. Vor mir versucht ein Krokodil, unauffällig wie ein Dieb durchs Wasser zu gleiten. Plötzlich sehe ich Mark schwitzend und keuchend herbeilaufen. »Deborah, komm schnell! Ray ist mitten in der Nacht mit meinen Leuten losgezogen. Zu Fuß. Haben sich an die Schweine rangeschlichen. Wir nehmen den Hubschrauber. Los!«

Ich greife nach meiner Kameratasche und stoße dabei die Schüssel mit dem Müsli um. Das Adrenalin rauscht mir durch die Adern – halb hoffe ich, daß Ray mit dem Töten des Wilderers auf mich wartet, halb schelte ich mich dafür, daß ich solch kranke Gedanken habe.

Als wir in der Luft sind, spüre ich im Brustkorb, wie die Rotorblätter vibrieren. Mark starrt aus dem gewölbten Fenster, sucht den Wald ab, ruft dem Piloten Befehle zu. »Da, da! Gleich da drüben!« schreit er. Wir landen auf einer Lichtung und laufen geduckt unter den noch rotierenden Blättern hindurch. Am Rande der Lichtung erkenne ich Ray und fünf Soldaten. Sie stehen herum, unterhalten sich, warten auf uns. Hinter ihnen schwelen die Reste eines Lagerfeuers, noch immer steigen kleine Rauchschwaden auf. Ringsherum liegen Dinge, die Männer normalerweise nicht als Müll zurücklassen: ein Sweatshirt, ein Rucksack, einige Decken, ein Paar Stiefel, eine verbeulte Feldflasche. Ach ja, und zwei Rhinozeroshörner.

»He, Deborah«, grüßt mich Ray, der mitgenommen und müde wirkt. Über seine Schulter trägt er ein Gewehr, er grinst. »Wir haben ein kleines Geschenk für dich. Willst du's sehen?« Er tritt zur Seite und weist neben seine Füße auf den Boden, wo ein junger Schwarzer (vielleicht achtzehn, höchstens zwanzig) auf dem Bauch liegt, mit zur Seite gedrehtem Kopf. Mit den geschlossenen Augen und dem friedlichen Gesichtsausdruck sieht er aus, als schlafe er. Nur zwei Dinge verraten, daß etwas nicht stimmt: die Blutlache unter seinem Rumpf, die langsam wächst, und die Einschußlöcher im Rücken. Mindestens acht Löcher verunzieren seinen weiten, braunen Pullover, als hätte sich ein ganzer Schrank hungriger Motten über ihn hergemacht. Ich habe noch nie einen Toten aus nächster Nähe gesehen. »Die anderen beiden sind uns entwischt«, sagt Ray. »Aber die kriegen wir noch. Die kriegen wir.«

Instinktiv greife ich nach meiner Kamera und beginne zu fotografieren, umkreise den Toten, suche den Winkel, aus dem die Einschußlöcher am besten zu sehen sind. Wieder tänzle ich um die Leiche herum, in einem fiebrigen Walzer, drehe und wende mich, wieder und wieder im Kreis herum.

Ich bin ein Geier. Ich versuche nicht einmal, es zu verbergen.

Als ich wieder in Harare bin, holt mich Julian vom Hotel ab und fährt mit mir zu einer Krocketparty, die einer von seinen Diplomatenfreunden gibt. »Du siehst ganz schön dünn aus«, sagt er, als ich ins Auto steige.

»Die Affen haben mir das Essen geklaut«, erzähle ich ihm von meinem jüngsten Abenteuer, ohne den Mund zu verziehen.

Julian lacht und tätschelt mir freundschaftlich den Kopf. »Wie unhöflich von ihnen.«

Die Wahrheit ist, daß ich nichts mehr habe essen können, seit ich die Schüssel mit dem Müsli umschüttete und in den Hubschrauber sprang. Für den Abend hatte Mark zur Feier des Tages ein Grillfest in seiner Hütte organisiert, aber als ich mich mit einem Teller Huhn und Mais hinsetzte, bekam ich das Essen einfach nicht herunter. Um mich zu betäuben, trank ich ein Bier und vier Gläser übelsten Whiskey. Aber der Schuß ging nach hinten los. Ich mußte ständig an die Familie des Wilderers denken. Wer würde ihn wohl drüben in Sambia vermissen, wenn er nach ein paar Tagen nicht nach Hause zurückkehrte? Seine Eltern? Eine Frau? Vielleicht ein Kind? Ich fragte Ray, was mit der Leiche geschähe, aber er grinste nur. »Was für eine Leiche?« fragte er. »Wir sind hier im Dschungel.« Dann fing er an zu lachen. Den Rest des Abends glotzte ich betrunken auf den Sambesi und heulte.

BETTINA SELBY

Die Heimstatt der Götter

Ein feuerrotes Fahrrad ist Bettina Selbys (1934) einzige Reisebegleitung auf ihren Radtouren durch Afrika, Nepal und Indien. Fesselnd und kenntnisreich erzählt sie in ihren Büchern »Ah Agala!«, »Himalaja« und »Timbuktu!« von großartigen Naturerlebnissen und von Begegnungen mit ungewöhnlichen Menschen. Auf ihrer Radtour durch Nepal, Kaschmir und Sikkim durchquert sie nicht nur das atemberaubend schöne Katmandu-Tal, sondern besucht auch die »Heimstatt der Götter« in den schwindelnden Höhen des Himalaja, deren Verlockungen auch sie nicht widerstehen kann.*

Niemand kann den Weg nach Katmandu verfehlen, denn an den Straßenkreuzungen steht eine Statue von König Prithvi Narayan Shah und weist auf die Route, die er einschlug, als er sich vor zweihundert Jahren von Pokhara aufmachte, um die reiche Stadt Katmandu zu erobern und das Königreich Nepal zu gründen. Bis zu jener Zeit hatte es nur Dutzende kleiner Fürstentümer gegeben, die durch die überaus schroffe Natur des Geländes voneinander getrennt waren.

In Nepal hatte damals ein Zeitabschnitt begonnen, der sich am ehesten mit Europa im Mittelalter vergleichen ließe, als die Kunst in höchster Blüte stand, der Mehrzahl der Menschen jedoch nur ein kurzes, rohes Leben beschieden war. Während der Rest des Subkontinents kolonialisiert wurde, zur Hauptsache von den Briten, blieb Nepal unabhängig, denn hier war wenig zu holen, was den Aufwand gelohnt hätte.

Die Shah-Dynastie hat sich in ununterbrochener Erbfolge bis auf den heutigen Tag erhalten: Seit 1846 dient sie jedoch nur noch als Marionettenherrscher, denn in jenem Jahr war ein brutaler Machtwechsel erfolgt, als der Chefminister in einer schrecklichen »Nacht der langen Messer« alle seine Widersacher aus dem Weg räumte und die nun regierende Dynastie der Ranas begründete. Den König konnten sie allerdings nicht loswerden, denn in Nepals eigenwilliger Religionsform, einer einzigartigen Mischung aus Hinduismus und Buddhismus, gilt er als eine niedere Gottheit. Jeder neue königliche Erbe wurde daher kurz nach der Geburt von seinen Eltern getrennt, zu möglichst großer Zügellosigkeit verleitet und zur Untauglichkeit erzogen, damit er zwar für Staatsfunktionen verfügbar war, aber den Usurpatoren keine Scherereien machte. Daraus resultierte eine totale Vetternwirtschaft. Die Familie Rana hielt alle Fäden in der Hand und beließ den Rest des Volkes in einem Zustand der Leibeigenschaft. Es wurden nur ganz wenige Besucher ins Land gelassen und auch diese nur mit strikt eingeschränkter Bewegungsfreiheit.

Mitte unseres Jahrhunderts jedoch bewies Tribhuvan Shah, der regierende Marionettenkönig, weit mehr Unternehmungslust als seine Vorfahren. Man munkelt, daß er, anstatt in den ausschweifenden Genüssen zu schwelgen, die ihm von den Ranas verschrieben worden waren, jahrelang heimlich Werke wie »Der Wohlstand der Nationen« von Adam Smith oder Thomas Paines »Die Menschenrechte« gelesen hatte. Diese hatten ihn angeregt (wie schon so viele Engländer im achtzehnten Jahrhundert), etwas für seine armen, geknechteten Untertanen zu tun. Er machte sich eine Staatsvisite nach Indien zunutze, das soeben seine Unabhängigkeit erlangt hatte, und suchte in diesem Land um Hilfe nach, um einen Coup zu inszenieren, der Nepal von den Ranas befreien sollte.

Seit jener Zeit ist Nepal ein offenes Land. Besucher sind in Scharen herbeigeströmt, vor allem die Hippies der sechziger Jahre. Der Schock, den dieser unvermittelte Kontakt mit dem Westen auf ein Volk ausübte, das im wesentlichen ein sehr primitives Leben führt, hatte zwangsläufig Folgen. Kein Volk kann plötzlich den Schritt vom Feudalismus ins technologische Zeitalter vollziehen, ohne einen tiefgreifenden Kulturschock und eine Desorientierung bezüglich seiner traditionellen Werte zu erleiden.

Während ich den ziemlich düsteren Schluchten folgte, die nach Katmandu führen, mußte ich immer wieder über dieses Stück Geschichte nachdenken. Ich war froh, daß ich während meiner Genesung in Pokhara so viel Zeit gefunden hatte, mich gründlich einzulesen. Es half mir sehr, die Mentalität der Menschen in diesem Land zu verstehen. Angesichts einer solchen Entwicklung wunderte ich mich nicht mehr über das Betteln, die aggressiven Kinder und die versteckte Abneigung gegenüber den Fremden.

Mehrere meiner neuen Bekannten reisten am selben Tag wie ich von Pokhara ab, doch sie nahmen den Expreßbus, der fahrplanmäßig eine Stunde nach mir wegfahren sollte. Er erreichte Katmandu in einem Tag, während ich auf halber Strecke in Mugling übernachten mußte. Ich erwartete ständig, daß der Bus mich überholte, da ich kein besonders schnelles Tempo anschlug, weil es sehr heiß war und ich ja immer alles mit Ruhe machen sollte. Doch in Nepal haben es selbst die Eilbusse nicht eilig. Erst als ich etwa neunzig Kilometer mit drei Teepausen hinter mir hatte, holte er mich ein. Er hustete Wolken von Abgasen heraus, und alle meine Freunde winkten und riefen mir aus den Fenstern ein Hurra zu. In Mugling, der Zwischenstation auf halbem Weg, wo alle Busse anhielten, um den Motor abkühlen zu lassen, trafen wir uns wieder.

Nachdem meine Freunde abgefahren waren, fühlte ich mich etwas niedergeschlagen, weil man mich so allein in Mugling zurückgelassen hatte, denn es war wirklich ein trostloses Nest. Es existierte ausschließlich als Servicestation für den

Transportverkehr und bestand aus etwa zwanzig von Fliegen verseuchten, widerlichen Bruchbuden, die alle grandiose Schilder zur Schau trugen, worauf behauptet wurde, es seien Hotels. Da sie sich in nichts unterschieden, buchte ich gleich dort, wo ich Tee getrunken hatte. Im Obergeschoß lagen drei winzige Räume, die durch hölzerne Querwände voller Spalten und Astlöcher voneinander getrennt waren. Aus einem dieser Räume wurden jemandes spärliche Habseligkeiten ausgeräumt, und für vierzig Pence durfte ich einziehen. Es gab eine Holzpritsche mit einer dünnen Baumwollsteppdecke anstelle einer Matratze, und das Fenster wurde vom Hotelschild draußen völlig verdeckt. Natürlich gab es keine Waschgelegenheit und auch sonst keine Annehmlichkeiten, doch was konnte man zu diesem Preis schon erwarten?

Der Besitzer erzählte mir etwas von einem guten Badeplatz am Fluß, der nur zehn Minuten zu Fuß von hier entfernt sei und selten von jemandem besucht werde. Da Mugling mit Ausnahme eines unablässig lärmenden Verkehrsstroms keinerlei Zerstreuung anzubieten hatte, entschloß ich mich, meine Bücher und mein Waschzeug zu packen und den Rest des Tages dort zu verbringen. Zuerst mußte ich auf einer Seilbrücke, die bei jedem Schritt schwankte und auf und ab wippte, den breiten, schnellfließenden Fluß überqueren. Danach führte ein abschüssiger Pfad zu einem Bach, der aus den Bergen herabsprudelte und einen tiefen Teich bildete, bevor er sich in den Fluß ergoß. Ich zog mich aus und ließ mich einweichen, bis ich mich wieder angenehm kühl fühlte. Ich wusch gerade meine Kleider aus, die mit mir zusammen im Teich eingeweicht worden waren, als ich Stimmen hörte, die sich näherten. Hastig ergriff ich mein tropfendes Hemd und hielt es vor meine nasse Vorderseite. Drei junge Männer kreuzten auf. Ich rief ihnen zu, kurz wegzugehen, bis ich mich angekleidet hatte. Sie verstanden mich nicht und kamen immer näher, wobei sie Gesten machten, daß sie sich die Haare waschen wollten. Im Bewußtsein meiner enthüllten Rückseite schrie ich noch lauter, worauf sie mir den Gefallen taten und weggingen, so daß ich in meine Shorts und ein frisches Hemd schlüpfen konnte. Kaum sah ich wieder einigermaßen anständig aus, verwandelte sich der Pfad unter mir in eine Hauptverkehrsader mit Kühen, Ziegen, Ziegenhirten, Kuhhirten, kleinen Jungen und Frauen, die herkamen, um Wasser zu holen und Kleider zu waschen – so viel zur Auskunft des Hotelbesitzers!

Später fragte ich mich, ob die anderen Informationen, die er mir beim Abendessen aufdrängte, wohl ebenso zutreffend waren. Er war ein junger Mann aus der dünnen Schicht der gebildeten Nepalesen und offenbar politisch sehr engagiert. Er zeichnete mir ein Bild von Nepal, das bezüglich Korruption, Schikanen, veruntreuter Gelder, Entwicklungshilfe, die auf Schweizer Bankkonten landete, und kritischer Studenten, die ins Gefängnis geworfen und nie mehr gesehen wurden, anderen Drittweltländern in keiner Weise nachstand. Ich sollte solche Geschichten noch öfter hören, hatte jedoch keine Möglichkeit, ihren Wahrheitsgehalt zu überprüfen.

Die nächste Tagesreise dauerte etwas länger, und die steile Berg- und Talfahrt stellte auch mehr Anforderungen an mich. Im letzten Teil, wo ein großer Berg den Zutritt ins Katmandu-Tal bewacht, erwartete mich ein besonders saftiger Anstieg. Ich schaffte ihn nur mit Mühe und Not, denn ich fuhr zur heißesten Tageszeit, und von den Amöben hatte ich mich auch noch nicht vollständig erholt. Die Weizengarben, die vielerorts zum Dreschen auf die Straße gelegt worden waren, machten mir zusätzliche Schwierigkeiten. Als ich endlich oben ankam, mußte ich die ersten Kilometer bergab zu Fuß gehen, denn die Straße wurde gerade ausgebessert.

Nach diesem Streckenstück ging es leichter. Ich segelte stilvoll nach Katmandu hinunter und versuchte mir bewußt zu werden, daß ich es tatsächlich geschafft hatte. In knapp vier Monaten war ich rund sechseinhalbtausend Kilometer durch meistenteils sehr schwieriges und gebirgiges Gelände geradelt, und hier war ich nun, in Katmandu. Ich fühlte einen leichten Stich der Enttäuschung, daß keine Flaggen gehißt worden waren, um mich zu begrüßen.

Jetzt galt es, Prioritäten zu setzen. Die Stadtbesichtigung konnte warten, denn als allererstes wollte ich meine Post abholen und mir die Nachrichten von zu Hause zu Gemüte führen. Seit Lahore, vor drei Monaten, hatte ich keinen Brief mehr erhalten. Statt mich also in die Wunder von Durbar Square zu stürzen, von denen ich schon so lange geträumt hatte, machte ich mich flugs auf den Weg zu Yeti Travels, wo das Büro von American Express untergebracht war. Dort fand ich einen großen Stapel Briefe sowie den dringend benötigten neuen Reifen vor. Während ich meine Schätze umklammerte, machte ich mich daran, das Hotel zu finden, das man mir empfohlen hatte. »Dwarika's« war ein hübsches, in wunderschöne Gärten eingebettetes Haus am Stadtrand mit alten, in die Struktur des Gebäudes eingearbeiteten Holzschnitzereien von unschätzbarem Wert. Eigentlich lag es außerhalb meiner Preisklasse, doch ich war der Meinung, daß ich meine sichere Ankunft stilvoll feiern mußte und mir ja am nächsten Tag etwas Bescheideneres suchen konnte. Die Hoteldirektion zeigte sich fasziniert von meiner Ankunft auf einem Fahrrad, und als ich ein wenig von meiner Reise berichtet hatte, bot man mir freundlicherweise für ein paar Tage freie Unterkunft an.

Ich wurde in ein Zimmer geführt, wie ich es seit meiner Abreise aus England nicht mehr gesehen hatte, mit eleganten Möbeln, Teppichen und einem Bett, das mit sauberen weißen Laken und Kissen bezogen war. Nicht weniger als sieben Lampen standen herum, und sechs davon funktionierten!

Mein Badezimmer hatte eine richtige Badewanne, die sanitären Installationen funktionierten genau wie vorgesehen, es stank nicht, und es gab ein richtiges Klo zum Sitzen. Ein solcher Luxus war kaum zu fassen – und noch viel weniger, daß alles so blitzblank und strahlend sauber war. Die Aufregung beim Lesen meiner Briefe, die Freundlichkeit der Hoteldirektion und der Umstand, daß ich mich wegen der Amöbenruhr noch immer ein bißchen geschwächt fühlte, bewirkten, daß mir vor Rührung die Tränen kamen.

Wer heute nach Katmandu reist, kommt etwa dreißig Jahre zu spät. Mittelalterliche Städte mit ihren engen, gepflasterten Straßen vertragen sich nun einmal nicht sehr gut mit Verkehr auf Rädern, nicht einmal mit einer Fahrradrikscha. Unter gellendem Dauergehupe und klingelnden Fahrradglocken muß sich der unselige Fußgänger die meiste Zeit gegen irgendeine Mauer quetschen, statt daß er die nötige Muße findet, um die abbröckelnde Pracht von Tempeln, Schreinen und den tausend anderen faszinierenden Dingen zu bestaunen, die zur Einzigartigkeit dieser Stadt beitragen. Nur die heiligen Kühe und Stiere, welche überall frei herumlaufen und Haufen verwesender Abfälle fressen, werden rücksichtsvoll behandelt. Diese Tiere dürfen ungestraft herumgehen, wo immer sie wollen. Wenn sie auf die Idee kommen, sich mitten auf der Straße ein wenig auszuruhen, schlägt der Verkehr vorsichtig einen Bogen um sie oder kommt ganz und gar zum Erliegen. Die breiteren Straßen, welche die Altstadt säumen, sind mit runden, voll Gras bewachsenen Verkehrsinseln versehen, wo sich stets irgendeine Kuh oder ein Bulle reingelegt hat und friedlich wiederkäut. In einem der engen, vom Hauptplatz wegführenden Gäßchen, in welchem die Gemüsestände so dicht stehen, daß es schwierig ist, sich zwischen ihnen durchzuzwängen, hatte sich einmal eine Kuh zum Sterben hingelegt. Bevor ein Karren zur Stelle war, um sie abzutransportieren, war der Leichnam bereits mit Blumen bedeckt, die von Gläubigen hingelegt worden waren.

Frühmorgens oder nach Einbruch der Dunkelheit war die beste Zeit, um sich die Sehenswürdigkeiten anzusehen. Ich war es inzwischen gewohnt, um halb fünf aufzustehen, und liebte es, in den Straßen herumzuwandern und zuzuschauen, wie die Stadt erwachte. Zu dieser Stunde waren noch keine anderen Westler zugegen, nur Nepalesen, die bei den kleinen Schreinen ihre Frühandacht hielten und draußen die groben, schwingenden Glocken läuteten, bevor sie eintraten, um ihre Opfergaben zu Füßen der Gottheit niederzulegen. Von Durbar Square, wo der alte Königspalast und die meisten herausragenden Tempel stehen, kann man bloß zu dieser frühen Morgenstunde einen Gesamteindruck erhalten; später ist der Platz vom Verkehr und den vielen Verkaufsständen verstopft, die alles Erdenkliche feilhalten, von Gemüse bis zu Gebetsmühlen.

Eines Tages wurde mein frühmorgendlicher Spaziergang vom Anblick eines jungen Elefanten belebt, der völlig unbeaufsichtigt in rasantem Tempo durch die Straßen jagte. Niemand verfolgte ihn. Und nur zu dieser Tageszeit war man auch vor den Aufmerksamkeiten der vielen Männer und Jungen sicher, die ihren Lebensunterhalt mit den Touristen verdienten. Den restlichen Tag war jeder Meter Weg von Rufen begleitet wie:

»Dollar wechseln!«

»Sie wollen kaufen Drogen? ... Flöte? ... schöne Armband? ... meine Schwester?«

Unter den Ladentüren standen Männer und beschworen die Passanten, einzutreten – »Nur schauen, nicht nötig kaufen, nur schauen.« Fast alle Einheimischen wirkten freundlich und gutmütig. Gelegentlich brachte ein Jugendlicher mit obszönen Anspielungen junge Touristinnen aus der Fassung, während sie die erotischen Schnitzereien an den Tempelstreben besichtigten, und auch die kleinen Jungen, die ihr ganzes Leben auf der Straße zwischen den Schleppern und den illegalen Geldwechslern verbrachten, schlugen zuweilen über die Stränge und begannen Leute in einer zotigen Sprache zu beschimpfen, die sie nur von Westlern gelernt haben konnten.

Mein Fahrrad wurde immer wieder bewundert. Wenn ich nicht einen entlegenen Tempel oder eine andere Stadt im Katmandu-Tal aufsuchte, ließ ich es stehen, denn es ging mir bald auf die Nerven, daß man mich andauernd bestürmte, es zu verkaufen. Wenn ich es mitnahm, wurde ich häufig zur Zielscheibe von Leuten, die mir etwas über Nepals soziale und politische Mißstände mitteilen wollten, genau wie der Hotelbesitzer in Mugling. Bald nach meiner Ankunft hatte man mich nämlich gebeten, einen Artikel für die englischsprachige Zeitung zu schreiben, und die Leute, die ihn gelesen hatten, erkannten mich an der Beschreibung des Fahrrads wieder. Da sie mich für eine Journalistin hielten, hofften sie, daß ich das, was sie mir anvertrauten, publizieren würde. Man führte mich mehrmals an einen abgeschiedenen Ort, wo draußen jemand Wache stand, während sie mir ihr Herz ausschütteten. Leider konnte ich ihnen nicht helfen und mußte mich darauf beschränken, mitfühlend zuzuhören.

Nach meinen wenigen Luxustagen wählte ich mir die Freak Street zum Aufenthalt. Sie führte direkt vom Durbar Square weg und war das Kontrastprogramm zum »Dwarika's«. Wenn sie einst einen anderen Namen gehabt hatte, war dieser längst vergessen. In den sechziger Jahren hatten die Hippies die Straße in Beschlag genommen, und inzwischen waren alle alten nepalesischen Häuser zu Lodges geworden. Hier fand ich weder Reinlichkeit noch Komfort vor, und auch die Ratten zeigten wieder lautstark ihre Anwesenheit, doch es herrschte eine völlig eigenartige Atmosphäre, war herrlich zentral gelegen und kostete praktisch nichts. Jede Lodge in der Freak Street und in den anderen umliegenden mittelalterlichen Gassen besitzt ihr eigenes Restaurant. Keine internationale Küche, die nicht repräsentiert wäre – österreichisch, schweizerisch, indisch, tibetisch, französisch, nepalesisch, chinesisch, amerikanisch, Naturkost, um nur einige zu nennen. Eine Straße, Pig Alley (Schweinegasse) genannt, hat sich ganz auf Tortenläden spezialisiert. Wo immer man hinging, um diese Delikatessen zu kosten, bedachten sich Touristen aus aller Welt gegenseitig mit Berichten über die verschiedenen Krankheiten, die sie in Nepal aufgelesen hatten. Fast alle hatten sich wie ich eine Amöbenruhr zugezogen, und die unheilvoll gelben Augen jener, die an Hepatitis litten, ließen mich eilends ins Missionskrankenhaus fahren, um mein Gammaglobulin aufzufrischen. Diese Krankheiten stehen samt und sonders in einem ursächlichen Zusammenhang mit Schmutz, und man muß den Leuten wohl beipflichten, die behaupten, daß Katmandu trotz all seiner Faszination zu den drekkigsten Städten der Welt zählt.

In der Nacht jedoch ist Katmandu verzaubert. Fantastisch aufeinandergeschichtete Pagodendächer und hohe Säulen, auf denen vergoldete Figuren stehen, zeichnen sich gegen einen sternenübersäten Himmel ab, während weiter weg auf dem Schnee das Mondlicht schimmert. Die trüb beleuchteten Straßen verbergen ihre Abfallhaufen und abbrökkelnden Fassaden und lassen die von Laternen beleuchteten Tempel hervortreten. Auf primitiven Instrumenten gespielte religiöse Musik erklingt dort bis weit in die Nacht hinein, und Leute gehen zwanglos ein und aus, um ihre Andacht zu verrichten. Dann ist die Illusion, sich in ein anderes Jahrhundert verirrt zu haben, beinahe überwältigend.

Ich hätte meine verbleibenden vier Wochen liebend gern im Katmandu-Tal verbracht, denn es gab mehr als genug, was mich an Katmandu selbst und an den umliegenden Klöstern und Tempeln interessierte, und außerdem wollte ich noch zwei weitere mittelalterliche Städte in der Nähe erforschen. Doch oben im Tal stand als beständige Verlockung die große Kette des Himalajas, und keine Stadt, nicht einmal Katmandu, könnte es auf die Dauer mit einem solchen Rivalen aufnehmen. Die Saison war zwar beinahe vorbei und das Trekking bis nach dem Monsun, der sehr bald fällig war, praktisch eingestellt worden, doch ich spürte, daß es völlig abwegig gewesen wäre, bis hierher zu gelangen und keinen Versuch zu unternehmen, etwas von den hohen, abgelegenen Gegenden Nepals zu sehen. Ich legte mein Problem der Sherpa-Kooperative vor, die von Mike Cheney geleitet wird, einem Engländer, der die meiste Zeit seines Lebens in diesen Landstrichen gelebt und bei der Organisation vieler erfolgreicher Angriffe auf die hohen Berggipfel mitgeholfen hatte. Er glaubte, daß es möglich sei, einen kurzen Ausflug hoch zu den Gletschern unter dem Langtang-Gipfel zu unternehmen, wenn ich von einem Sherpa begleitet wurde, der das Gepäck trug. Letztes Jahr hatte die BBC dort einen Film mit Freya Stark gedreht, die derselben Route gefolgt war. Mike hatte die Expedition organisiert, einschließlich des Ponys, auf dem die Hauptdarstellerin sitzen sollte. Es war eine riesige Anzahl Träger notwendig gewesen, und zwar nicht nur für die Ausrüstung; stellenweise war der Weg derart abschüssig, daß auch das Pony getragen werden mußte.

Die meisten Sherpas, mit Ausnahme von ein paar jüngeren, waren inzwischen in ihre Dörfer zurückgekehrt. Wie ich hörte, widerstrebte es diesen jungen Burschen immer mehr, die Wonnen von Katmandu aufzugeben und nach Hause zu gehen, um bei der Ernte mitzuhelfen. Zwei von ihnen wurden für meinen Ausflug ausgewählt. Der neunzehnjährige Karma sollte mir zu einem Tageslohn von etwa einem Pfund, zwanzig Pence als Führer dienen, während der ein bißchen jüngere Chandra als Träger vorgesehen war und knapp ein Pfund verdiente. Um schneller voranzukommen, wollten wir nicht campieren, sondern in den Dörfern, die wir durchquerten, essen und übernachten.

Am nächsten Tag brachen wir auf und nahmen nach einer kurzen Busfahrt den steilen Pfad gegen die entfernten Gletscher des Langtang-Himal-Massivs in Angriff, hinter welchem Tibet liegt. Die nächsten fünfzehn Tage würde ich mich in einer Welt befinden, wo sich die einzigen Räder in den Gebetsmühlen drehten, die von Hand oder durch die Wasserkraft der kleinen Bergbäche angetrieben wurden, und wo Träger das einzige Mittel sind, Güter zu transportieren. Ein Stirnband hilft, die große Last auf dem Rücken besser zu tragen. Trotzdem ist diese Gegend keineswegs abgelegen, bis man auf etwa viertausend Meter Höhe kommt. Alle paar Kilometer liegt ein Dorf, und der holperige Pfad wird rege benutzt und dient als Hauptstraße für den Handel mit Gebrauchsgütern. Die steilen Berghänge rund um die Dörfer sind alle in kleine Felder terrassiert und mit einer Vielfalt von Feldfrüchten bepflanzt, die mit zunehmender Höhe wechseln – von semitropisch an den unteren Hängen bis zur Subsistenzwirtschaft mit Weideland für Yaks auf der extremen Siedlungshöhe von knapp viertausenddreihundert Metern.

Jeder Tag folgte einem ähnlichen Muster. Wir verließen unsere Unterkunft etwa um sieben Uhr, nachdem wir Tee getrunken und einen leichten Imbiß zu uns genommen hatten, und marschierten los, bis wir gegen halb elf in einem Dorf anhielten, um die Hauptmahlzeit einzunehmen, die stets aus Reis, Gemüse und Dal bestand. Danach ging es noch drei Stunden weiter, bis wir das Dorf erreichten, das wir für unser Nachtlager ausgewählt hatten. Hier nahmen wir eine weitere Mahlzeit ein und legten uns bei Anbruch der Nacht früh schlafen. Unterwegs versuchten wir stets einen Ort zu finden, wo wir uns und unsere Kleider waschen konnten, bevor wir den Tagesmarsch beendeten.

Da die beiden Jungen die ganze Ausrüstung trugen, war das Wandern für mich sehr angenehm. Für sie war es ebenfalls eher ein Ferienausflug, denn ihre Lasten waren üblicherweise drei- bis viermal so schwer, und sie mußten auch nicht kochen oder die Zelte aufstellen wie auf anderen Expeditionen. Karma sprach ein paar Brocken Englisch, doch Chandra verstand kein Wort. Sie schienen einander sehr gern zu haben und schwatzten den ganzen Tag aus vollem Hals. Ich ging gewöhnlich voraus, um ein wenig Stille zu genießen und den vielen Vögeln nachzuschauen, die beim Klang der Stimmen aufflogen. Es gab stets etwas Interessantes zu sehen. Die beiden machten immer wieder ein erstauntes Gesicht, daß mich Dinge, die für sie so alltäglich waren, derart faszinieren konnten. Eines Tages hatte ich zugeschaut, auf welch seltsame Weise der Weizen hier geerntet wird: Die Ähren werden zwischen zwei Stöcken abgeköpft und die Stengel stehengelassen. Es war gut, daß mich die Jungen einholten, denn als ich eine Aufnahme von einer alten Frau machen wollte, die vor einem großen Haufen mit Weizenähren saß, sprang sie plötzlich auf und ging auf mich los. Die Jungen wehrten sie ab, doch sie konnten mir auch nicht erklären, weshalb ich sie beleidigt hatte. In der Regel ließen sich die Leute gern fotografieren, obwohl die meisten eine Belohnung dafür erwarteten.

Die Dörfer zeigen hier ein vielfältiges Gesicht. Weiter unten stehen Häuser mit Strohdächern und lehmverputzten, ockerfarbenen Mauern, während sie weiter oben vorwiegend aus Stein gebaut und mit großen, schweren Steinplatten bedeckt sind. Je höher wir kamen, desto schmutziger und buddhistischer wurden die Dörfer. Gebetsfahnen flatterten an hohen Stangen im Wind, um die Gebete in den Himmel zu tragen, während die Fahnen langsam zerfetzten. Die Lebensbedingungen sind sehr primitiv. Überall wurde man von Fliegen belästigt, und man mußte sorgfältig darauf achten, gesund zu bleiben. Ich wachte streng darüber, daß Teller, Tasse und Besteck, die ich bei mir hatte, stets sterilisiert wurden, und gab Jod ins Wasser, bevor ich es trank. Trotzdem war ich froh, daß wir nicht campierten, sondern bei den Leuten zu Hause wohnten, denn trotz des mangelnden Komforts war es faszinierend, einen Blick ins Leben dieses Bergvolkes zu werfen.

Diese Route war schon von vielen Trekkern begangen worden, und die Dorfbewohner hatten sich inzwischen an Westler gewöhnt. Mir schien, daß die Anwesenheit der Touristen wenig dazu beigetragen hat, ihr Leben zu fördern. Für die wenigen, die eine Lodge betreiben, war die kleine Erhöhung ihres Einkommens natürlich willkommen, doch die Mehrzahl wurde sich bloß des riesigen Wohlstandsgefälles bewußt, das zwischen ihnen und der entwickelten Welt herrschte. Schon drei Tagesmärsche von unserem Ausgangspunkt entfernt stand praktisch keinerlei Hilfe von außen mehr zur Verfügung

– keine Schule, kein Arzt, nicht einmal ein medizinischer Betreuer, obwohl die Regierung von Nepal jedem Ausländer, der diese Gegend aufsucht, Geld abknöpft. In jedem Dorf sprachen mich Kinder und Erwachsene um Zigaretten und Schokolade, hauptsächlich jedoch um Arzneimittel an. Man zeigte mir eine Anzahl von Gebrechen, die mit höchst bescheidenem finanziellen Aufwand sehr leicht hätten behandelt werden können. Schmerzhafte Augenleiden sind besonders verbreitet. Meist werden sie vom Rauch der Herdfeuer oder vom gleißenden Licht verursacht, welches der Schnee in der Höhe reflektiert. Bei Säuglingen und Kindern finden sich häufig Verbrühungen, Brand- und Schnittwunden, die sich wegen der unhygienischen Verhältnisse noch verschlimmern. Mein magerer Vorrat an Antiseptika war bald verbraucht, denn ich konnte die kleine Schar, die sich in jedem Dorf so vertrauensvoll um mich sammelte, unmöglich zurückweisen.

Eines Morgens, als ich zur Abwechslung allein in einem Speicher über einem Kuhstall geschlafen hatte, fand ich beim Aufwachen einen alten Mann vor, der ruhig neben meiner Matratze saß. Ich wußte nicht, wie lange er schon dagesessen hatte, doch dann erfuhr ich, daß er von Leuten, die ich behandelt hatte, von der guten Wirkung meiner Augentropfen gehört hatte. In der Hoffnung, mich zu treffen, war er mehrere Tage hergereist, denn seine Augen waren arg in Mitleidenschaft gezogen. Leider waren meine Vorräte inzwischen völlig erschöpft. Was den Mangel an medizinischer Betreuung noch viel ärgerlicher machte, war die Tatsache, daß Hilfsgelder bereitgestellt worden waren, um hoch oben im Tal ein Krankenhaus zu bauen; das Gebäude war zwar vor einiger Zeit fertiggestellt worden, doch es enthielt weder Personal noch irgendwelche Arzneimittel oder medizinische Einrichtungen.

Eines Tages brachte mir ein Junge seine hübsche drei- oder vierjährige Schwester mit einem krausen, verfilzten Haarschopf. Die Kleine hüpfte auf einem Bein herum, denn am anderen Fuß litt sie an einer stark entzündeten Wunde auf der großen Zehe. Ich hatte nichts mehr übrig als das Jod, mit dem ich das Trinkwasser sterilisierte. Während das Kind mir vertrauensvoll seinen Fuß hinhielt, trug ich ein paar Tropfen auf und wartete die Reaktion ab. Sie kam denn auch prompt. Zuerst befürchtete ich, daß alle Dorfbewohner auf ihr Geheul hereinstürzen würden, um sie aus meinen Klauen zu retten, doch der Junge hielt sie fest und lächelte mir beruhigend zu – vielleicht hatten andere Trekker bereits früher Jod verwendet. Ich versuchte, den Verrat wiedergutzumachen, indem ich dem Kind mit einem Streifen eines sauberen Taschentuchs einen Verband anlegte, was solchen Erfolg hatte, daß sich alle anderen Kinder nach wunden Stellen abzusuchen begannen, damit auch sie einen Verband bekommen konnten.

Eines Abends wurde ich eingeladen, in einem

winzigen Dorf, das ein wenig abseits vom Weg lag, einer religiösen Zeremonie beizuwohnen. Da Karma nur wenig Englisch sprach und niemand da war, der die Sprache besser beherrschte, war es schwierig herauszufinden, was genau vorging. Ich bekam immerhin soviel mit, daß es sich um eine rituelle Geisterverbrennung für den Dorfchef handelte, der vor ein paar Wochen gestorben war. Die Zeremonie hatte zum Zweck, daß der Geist sicher zum Himmel fuhr und nicht zurückblieb, um im Dorf herumzuspuken. Auf einem offenen Platz war auf langen Stangen ein kleines, bedecktes Podium errichtet worden, worauf man Objekte mit religiöser Bedeutung und Speisen als Opfergaben hingelegt hatte. Rundherum tanzte im Zeitlupentempo ein Kreis singender Leute, die Frauen voran, dahinter die Männer. Auf der Veranda des Hauses des Toten saß ein Lama und intonierte aus einem riesengroßen Buch, während Musikanten mit ihren gebogenen Stöcken Gongs anschlugen. Vor dem Priester saß ein Abbild des verstorbenen Mannes, in seine besten Kleider gehüllt. Selbstgebrautes Bier, das hier *tschang* genannt wird, floß in Strömen. Alle schienen zufrieden und freuten sich über die Gelegenheit zum Feiern. Die Leute baten mich um Zigaretten und schoben mir Krüge mit Tschang zu. Kleine Kinder schlürften vom Bier der Erwachsenen, während sich die Allerkleinsten niederkauerten, um ihren Darm zu entleeren, wo immer es ihnen beliebte. Darauf bekamen sie Hiebe von den größeren Kindern, die rasch mit dem Fuß ein wenig Erde über die anstößigen Häufchen scharrten.

Die größeren Kinder (womit die Sieben- bis Zwölfjährigen gemeint sind) schienen oft die verantwortungsbewußtesten Familienmitglieder zu sein, vor allem die Mädchen. Sie betreuten die kleineren Kinder und übernahmen viele der häuslichen Pflichten. Bei dieser Gelegenheit schienen sie als einziges Grüppchen in der sonst so zufriedenen Versammlung ein mißbilligendes Gesicht aufzusetzen. Ich wurde in den Kreis der sich wiegenden und singenden Frauen gezogen, doch obwohl mir der Rhythmus einfach vorkam, gelang es mir nicht, ihn aufzunehmen. Alle Frauen waren mit schweren, runden, goldenen Ohrringen von sieben bis zehn Zentimetern Durchmesser und mit Nasenringen geschmückt, während bei den Männern meist ein einziger reifenförmiger Goldring an einem Ohrläppchen hing. Sämtliche Frauen trugen lange Röcke, die Männer kurze Jacken und Lendentücher oder Shorts. Gelegentlich ersetzte eine leuchtende wollene Balaklava die traditionelle Kappe der Nepalesen und zeigte an, daß ihr stolzer Besitzer Träger bei einer Kletterexpedition gewesen war. Als ich mich mehrere Stunden später verabschiedete, war die Zeremonie noch in vollem Gang. Sie ging wohl erst zu Ende, wenn auch der Tschang zur Neige gegangen war.

Als ich eines Tages um eine Wegbiegung kam, erlebte ich ein betrübliches Schauspiel. Zwei junge

Frauen spielten mit einem kleinen Vogel, der einer Blaumeise glich. Die eine hatte an ihrem Kleid ein langes Stück Zwirn befestigt, dessen anderes Ende um den Fuß des Vogels gewickelt war. Sie ließen das arme Geschöpf so weit wegflattern, wie der Faden reichte, und zogen es dann wieder zu sich hin. Bevor ich mich zurückhalten konnte, war ich hinzugeeilt, um den kleinen Vogel zu retten, und mußte Karma folglich veranlassen, einen Preis auszuhandeln. Ich merkte zu spät, daß mein unbedachtes Vorgehen vermutlich dazu führen würde, daß noch mehr von diesen winzigen Kreaturen gefangen und den vorbeiziehenden Trekkern zum Kauf angeboten wurden. Später sah ich viele Kleinkinder, die einen dieser Vögel als lebendiges Spielzeug an einer Schnur mitführten. Die Tiere überlebten diese Prozedur glücklicherweise nur kurz, doch die Knirpse zogen ihre erbarmungswürdigen Kadaver noch lange hinter sich her. Obwohl die Kinder hier kein richtiges Spielzeug besitzen, wunderte es mich, daß in einer buddhistischen Gegend, wo sonst allen Lebensformen Achtung bezeugt wird, eine so grausame Praxis von den Erwachsenen nicht nur geduldet, sondern sogar noch gefördert wird.

Je höher wir kletterten, desto berauschender wurde die Luft und desto schöner die Aussicht. Ein besonders lieblicher Berg war der den Horizont gegen Norden hin dominierende Ganesh Himal, nach Schiwas elefantenköpfigem Sohn benannt. Der Himalaja ist traditionellerweise die Heimstatt der

Götter, vor allem von Schiwa, zu dessen heiligem See, dem Gossainkunda, wir einen Abstecher machten. Er liegt ganz oben in einem einsamen Seitental auf fast viertausenddreihundert Metern Höhe. Hier soll Schiwa liegen und von seinen Ausschweifungen ausschlafen, und die sich wiegenden Pflanzenwedel im Wasser werden als sein langes, wildes Haar angesehen. Später im Jahr wachen hier Tausende von Hindu-Pilgern eine ganze Nacht lang. Ich fand den Ort ziemlich abstoßend, obwohl die Paßhöhe, die dreihundertsechzig Meter über dem See liegt und mit Hunderten von Gebetsfahnen und religiösen Steinhaufen gekennzeichnet ist, eine recht spektakuläre Aussicht bietet.

Ein paar hundert Meter weiter unten in diesem Seitental liegen uralte Wälder mit Bäumen fast so groß wie die riesigen kalifornischen Redwoods. Viele von ihnen sind umgestürzt; sie liegen dort, wo sie hingefallen sind, und vermodern. Nur wenige Leute kommen hierher, und die Gegend prangt in einer überaus vielfältigen Flora und Fauna mit großen Kissen von Orchideen und Rhododendren, die wegen der Höhenlage erst so spät im Jahr blühen, in allen Farben.

In diesem Tal stießen wir auch auf den Vater und die Vettern von Karma, welche einem englischen Ehepaar als Führer dienten. Zusammen verbrachten wir die Nacht in der einzigen Lodge, die es dort gab – das englische Paar in einem Zelt, die Träger alle in einer Holzhütte, wo sie wie kleine Hunde behaglich auf einem Haufen schliefen, um einander zu wärmen. Ich teilte den Fußboden in der Lodge mit einem jungen Mann aus Lancashire, einem bekennenden Buddhisten. Irgendwann in der Nacht wurde ich geweckt, weil mein Gefährte losbrüllte und Gegenstände durchs Zimmer warf. Im Licht seiner Taschenlampe sah ich das Hinterteil eines Hundes durch die offene Tür verschwinden. Als ich am Morgen meine Uhr suchte, die ich neben mir auf den Fußboden gelegt hatte, war sie weg. Schließlich fanden wir sie dort, wo sie der Hund beim Hinausrennen hatte fallen lassen. Die Hälfte des Uhrbandes war weggefressen. Ich war entsetzt beim Gedanken, wie ausgehungert das arme Biest gewesen sein mußte, aber zugleich erleichtert, daß es nicht die ganze Uhr hinuntergeschluckt hatte.

Zurück im Haupttal, veränderte sich die Szenerie dramatisch, sobald wir die Viertausendmetermarke überschritten hatten. Es ist eine kalte, baumlose Landschaft aus Gestein und zähem Gras, über welches der Wind fegt. Die Menschen, die hier oben im Langtang-Tal leben, führen einen erbitterten Existenzkampf, denn die Zeit des Pflanzenwachstums ist so kurz, daß es kaum möglich scheint, Feldfrüchte zur Reife zu bringen. Dennoch sah ich hier Tibeter, die auf ihren winzigen, von Steinen übersäten Feldern mit Hilfe ihrer Yaks den Boden pflügten. Wenn wir vorbeigingen, lehnten sie sich über die rauhen niedrigen Mäuerchen und versuchten, mir Schmuckstücke zu verkaufen. Kinder mit triefenden Nasen und trockenem Husten rannten herbei, auf ihren Rücken waren Babys festgebunden, die beinahe so groß waren wie sie selber. Sie boten mir an, sie zu fotografieren – gegen angemessene Bezahlung natürlich.

Karma verteilte entgegen meiner Anweisung an alle Kinder Zigaretten, und bald pafften sie vergnügt vor sich hin. Jedermann im Himalaja scheint zu rauchen, wenn er eine Möglichkeit dazu findet. Meine beiden Helfer waren bereits ziemlich starke Gewohnheitsraucher und inhalierten mehrere Päckchen am Tag, was schade war, denn Karma hatte den Ehrgeiz, ein »Tiger« zu werden und bei den großen internationalen Besteigungen als Träger mitzugehen.

Als wir die Lodge im Dorf Langtang erreichten, mußten wir zuerst eine Art Hof betreten, der mit alten Yakknochen und anderen Abfällen übersät war und wo es von Fliegen nur so wimmelte. Draußen vor dem niedrigen Schuppen, dessen Dach aus zerrissenen Binsenmatten bestand und der höchst zutreffend mit »Yak Hotel« beschriftet war, lagen drei Gestalten und ein Baby in einem unschönen Knäuel auf dem Boden. Karma versuchte mit wiederholten Rufen die Frau in der Gruppe auf die Beine zu bringen. Schließlich regte sie sich, setzte sich halb auf, schaute uns an, stöhnte und ließ sich wieder auf den Menschenhaufen zurückfallen. Darauf erschien ein Mann, vermutlich ihr Ehemann, der sich mit Geschrei auf sie stürzte und sie mit Fußtritten traktierte. Widerwillig rappelte sie sich hoch und stolperte in den Schuppen, wobei sie ihre Kleider ordnete. Die zwei Männer und das Kleinkind in dem Haufen ächzten und stöhnten und ringelten sich in eine neue Ruheposition. »Schwarze Leute«, sagte Karma verächtlich. »Waschen sich nie.« Ein Blick in den Schuppen genügte, um mich zu überzeugen, daß es der Gipfel der Torheit gewesen wäre, an einem solchen Ort zu übernachten. Sofern man seine westlichen Vorstellungen von Sauberkeit ablegte, waren die Verhältnisse in den meisten Lodges einigermaßen erträglich gewesen, doch diese hier starrte vor Schmutz und war schlicht unzumutbar. So blieb uns nichts anderes übrig, als so schnell wie möglich zum Ende des Trails hochzuklettern, einen Blick in die Runde zu werfen und denselben Weg bis zur Lodge von gestern abend zurückzugehen.

Viertausendneunhundert Meter war die Obergrenze auf diesem Trek. Das letzte Drittel des Bergs besteht aus einer ehrfurchtgebietenden Reihe von Gletschern und schneebedeckten Felswänden, die nur für die allerbesten Bergsteiger zugänglich sind. Als wir in die wirbelnden Wolken hochstarrten, die über die Felsklippen fegten, sahen wir Gestalten, die sich auf dem Abstieg befanden. Es war eine japanische Expedition, die nach vier anstrengenden Wochen soeben erfolgreich den Gipfel bezwungen hatte. Sie waren fast schwarzgebrannt, sahen jedoch fit und sehr selbstbewußt aus und schritten forsch aus, zurück zu den Fleischtöpfen von Katmandu. Auch ich machte mich mit einem triumphierenden Gefühl der Erfüllung auf den Rückweg. Zwar hatte ich nicht wie sie ganz oben auf einem siebentausenddreihundert Meter hohen Gipfel gestanden und nach Tibet hinuntergeschaut, doch ich hatte immerhin eine Höhe erreicht, die fast neunhundert Meter über allen Berggipfeln Europas liegt, und etwas von den Wundern der höchsten Region dieser Welt gesehen.

PAM HOUSTON

Das Blut schöner wilder Tiere

Das Herz von Pam Houston (1962) gehört der Wildnis: Ob in den Rocky Mountains oder in Botswana, in den Anden oder im Himalaja, zieht es sie auf der Suche nach den extremen Seiten des Lebens stets in die entlegensten und unberührtesten Gegenden der Erde. Packend und voller Humor erzählt sie von ihrem Sommerjob als Jagdführerin in den eisigen Weiten von Alaska, von gefährlichen Begegnungen mit Grizzlybären und Wölfen, aber auch von der Faszination der Jagd, deren Erfüllung für sie in der Schönheit der Suche liegt.*

Als ich sechsundzwanzig Jahre alt war, verliebte ich mich in einen Mann, der sein Geld als Jagdführer verdiente. Wir hatten nicht unbedingt das, was man eine gesunde Beziehung nennen würde. Er war egoistisch und untreu und ausweichend. Ich war fordernd, berechnend und bemitleidete mich selbst. Er war Republikaner, ich war Demokratin. Er war Texaner, ich nicht. Ich gehörte dem Sierra Club an und er der National Rifle Association. Trotzdem gelang es uns irgendwie, drei Jahre lang zusammenzubleiben und in jedem davon zwei ganze Monate in Alaska zu verbringen, wo wir Dall-Schafe jagten.

Damals legte ich stets den allergrößten Wert auf den Unterschied zwischen einem Jäger und einem

Jagdführer, denn obwohl ich indirekt für den Tod von fünf Tieren verantwortlich war, habe ich nie ein Tier getötet und werde es wohl auch nie tun. Einmal hatte ich die Gelegenheit, einen Dall-Schafbock zu schießen, dessen Hörner so groß waren, daß sie mir als Trophäe einen Platz in den Annalen gesichert hätten. Drei anständige Männer übten jeden erdenklichen Gruppendruck auf mich aus, und ich ging sogar so weit, das Gewehr anzulegen, unsicher, was ich als nächstes tun würde. Doch als ich es erst mal in Anschlag gebracht hatte, fiel mir einfach kein einziger vernünftiger Grund ein, warum ich abdrücken sollte.

Ich lernte so einiges über Munition und Waffen und Kaliber und Zielfernrohre, und ich war schon allein deshalb eine gute Jagdführerin, weil ich mich im Freien sicher bewege. Ich kann einen schweren Rucksack über weite Strecken tragen. Ich kann schmackhafte Mahlzeiten auf einem Campingkocher zubereiten. Ich kann wochenlang auch ohne Toilette und Dusche einigermaßen bei Laune bleiben. Wenn es sein muß, kann ich auf einem um fünfundvierzig Grad geneigten Eisgesims schlafen. Ich weiß mich in der Wildnis zu bewegen, und deshalb weiß ich auch, wie und wohin sich die Schafe bewegen. Ich bin eine gute Spurenleserin. Ich habe den sogenannten animalischen siebten Sinn.

Als ich Dall-Schafe in Alaska jagte, war das Verhältnis meist eins zu eins zu eins. Ein Jäger, eine Führerin, ein Schafbock, den wir normalerweise rund zehn Tage lang verfolgten, bis wir nahe genug rankamen, um ihn zu erlegen.

Ich trug natürlich vor allem Verantwortung für den Jäger. Es war meine Aufgabe, dafür zu sorgen, daß er nicht in eine Schlucht stürzte oder von einem Grizzly aufgefressen wurde, ich mußte sein Gewehr tragen, wenn er zu müde wurde, mußte ihm zu essen und zu trinken geben, mir seine Geschichten anhören, ihn morgens um drei wecken und bis Mitternacht auf den Beinen halten, wobei wir am Tag um die fünfundzwanzig Kilometer zurücklegten und manchmal über tausend Meter Höhenunterschied überwanden, und wenn alles gutging, ihn in eine günstige Schußposition bringen, damit er ein Dall-Schaf mit nach Hause nehmen und sich an die Wand hängen konnte.

Meine andere, wenngleich weniger offensichtliche Aufgabe war es, die Schafe vor den Jägern zu schützen, sicherzustellen, daß der Jäger wirklich nur den ältesten Schafbock in der Herde erlegte, daß er nur auf ein Tier schoß und daß er nur dann feuerte, wenn er so nah war, daß der Schuß auch wirklich auf der Stelle tötete. Ein Jäger kann einem angeschossenen Tier über die Gletscher Alaskas nicht so folgen, wie es in den Wäldern von Pennsylvania möglich ist. Ein schlechter Schuß bedeutet in Alaska fast immer, daß das Tier verloren ist.

Aus heutiger Sicht sind diese Monate in Alaska für mich die widersprüchlichsten meines Lebens. Siebzig Tage lang konnte ich meine Grenzen auf all die Weisen ausloten, die ich so liebe. Ich bewegte mich durch die Wildnis Alaskas, eine Landschaft von solcher Kraft und unermeßlicher Weite, daß sie selbst in meiner Erinnerung unvorstellbar bleibt. Ich sah eine Grizzlybärin, die ihre Jungen mit Blaubeeren fütterte, ich wurde geweckt durch die Schritte eines Wolfes, der mit hungrigen Augen durch unser Lager schlich, ich sah einen Elchbullen sich den Bast von den blutigen Geweihstangen fegen und einen Weißkopfseeadler im Sturzflug nach einem Eichhörnchen jagen. Stundenlang sah ich dem fröhlichen Chaos eines Kariburudels zu und tagelang den im Gegensatz dazu wohlgeordneten Bewegungen einer Herde Wildschafe.

Ich schaute mir von diesen Tieren ihre Überlebenstechniken in der Wildnis ab, und ich lernte natürlich auch selbst welche. Ich lernte in jenen Tagen einiges über meinen Platz in der Welt, lernte, warum ich die Wildnis brauche, nicht, warum *wir* sie brauchen, sondern warum *ich* sie brauche. Daß ich die Möglichkeit brauche, mich etwas Größerem als mir selbst unterzuordnen, wie wenn man sich verliebt, etwas, das so groß ist, daß ich es noch nicht mal benennen kann. Es hatte nichts mit dem Erlegen von Tieren zu tun (obwohl es das in seiner reinsten Form natürlich doch getan hätte, wenn wir nicht mit zahllosen Tüten Hühnersuppe ausgestattet gewesen wären), sondern mit einfacheren Fähigkeiten. Zum Beispiel, sich bei Minustemperaturen warm zu halten, den allgegenwärtigen und unberechenbaren Grizzlybären aus dem Weg zu gehen, nicht in Panik zu geraten, wenn die Erde unter den Stiefelsohlen wegrutscht, und das an einem Hang, der länger und steiler ist als alles, was ich in diesen Breiten je gesehen habe, so daß man schließlich auf dem Erdrutsch reiten muß wie ein Surfer auf einer riesigen grauen Welle.

Ich lauschte den Geschichten der Jäger, von denen manche mit beeindruckender Genauigkeit und Leidenschaft die Erinnerungen an frühere Jagdabenteuer zum Leben erwecken konnten. Mir wurde klar, daß unsere Jagdausflüge zum Teil auch die Funktion hatten, neue Geschichten zu liefern, Geschichten, die für diese Männer am ehesten an etwas Sakrales heranreichten, Geschichten, die noch Jahre später, vielleicht sogar Generationen später, das orangerote Glühen der Lagerfeuer verschönern würden.

Doch trotz all dieser wunderbaren Erlebnisse, trotz der Wildnis und den Geschichten, denen ich lauschen durfte, bleibt die Tatsache bestehen, daß ich als Preis für meine Erfahrungen in Alaska zuschauen mußte, wie fünf der schönsten, klügsten und wildesten Tiere starben, die ich je gesehen habe, die Mehrzahl von ihnen langsam und unter unsäglichen Qualen. Und ungeachtet der Tatsache, daß nicht ich, sondern der Jäger den Abzug betätigte, war ich doch verantwortlich für ihren Tod. Obwohl ich Fleisch esse und Leder trage, obwohl ich jedes ethische Argument für die Jagd anerkenne, einschließlich desjenigen, daß es letztlich die Jäger sind, die die Tiere retten werden, weil die National Rifle Association das nötige Geld und die Macht hat, den noch verbliebenen Rest der unberührten Natur Amerikas zu schützen, werde ich mich nie damit versöhnen können, daß ich meine Jäger zu diesen Tieren geführt habe. Trotz aller noch so vernünftigen Erklärungen wird es in meinem Herzen für ihren Tod keine Rechtfertigung geben.

Wenn ich mich also an diese Zeit in meinem Leben erinnere, versuche ich meist, nicht nur an das Töten, sondern auch an die Jagd zu denken, die eine Kunst ist, eine Großtat der Phantasie, ein geistiger Höhenflug und eine harte Prüfung der eigenen Geduld und Geschicklichkeit. Um ein Tier zur Strecke zu bringen, muß man denken wie ein Tier, sich bewegen wie ein Tier, auf Berggipfel klettern, nur um auf der anderen Seite wieder hinunterzusteigen, und immer muß man beobachten und warten und beobachten. Um gut zu jagen, muß man zugleich Jäger und Gejagter sein, zugleich Suchender und das Objekt der Suche. Der Prozeß ist zirkulär und irgendwie weiblich wie Gebären oder Tanzen. Eine wirklich gelungene Jagd müßte, aus der Luft betrachtet, aussehen wie ein sorgfältig choreographiertes Ballett.

Der französische Psychoanalytiker Jacques Lacan war der Auffassung, daß Männer das Objekt ihres Begehrens begehren, Frauen dagegen den Zustand des Begehrens. Damit können Frauen eine Jagd viel mehr genießen. Ich glaube, daß Frauen deshalb in so vielen alten und zeitgenössischen Gesellschaften die besseren Jäger waren und sind.

Bei einer guten Jagd geht es ebensowenig um das Töten eines Tieres, wie es bei gutem Sex um Zeugung geht oder bei guter schriftstellerischer Arbeit um die Veröffentlichung. Der Genuß, ja, die Erfüllung liegt in der Schönheit der Suche. Während ein Mann meist linear ein Ziel verfolgt, geht eine Frau eher zirkulär und räumlich vor. Sie kann sich in viele Richtungen gleichzeitig bewegen, sie kann viele Dinge gleichzeitig sein, sie kann einen Gegenstand von allen Seiten sehen, und sie kann, falls erforderlich, warten.

Auch manche Männer können das (die meisten Jagdführer, die ich kannte, waren wesentlich besser als ich), und es ist ein echter Genuß, solche Männer als Jagdführer und Lehrer zu haben. Die Mehrheit meiner Kunden machte sich jedoch mit der Vorstellung auf den Weg, daß jede Jagd eine Art Kriegszug sei. Sie waren ungeduldig wie ein General, ungeduldig wie ein Sergeant, der meint, er müßte eigentlich General sein, sie fieberten ungeduldig dem Klang ihres eigenen Gewehrs entgegen und warteten ungeduldig darauf, daß der Gegner einen Fehler machte.

Aber die Schafe machten selten Fehler, und sie waren geduldig wie Steine. Es war also meine Aufgabe, dem Jäger vor Augen zu führen, daß es noch andere Metaphern gab. Wenn eine Jagd wie Krieg sein kann, dann kann sie auch wie eine Oper oder ein edler Wein sein. Sie kann wie eine spirituelle Reise sein, wie das Ende des Zweifels. Die Jagd kann all das und noch mehr sein; ganz wie eine Frau begnügt sie sich nicht damit, nur eines zu sein.

Während meiner Zeit als Jagdführerin trug ich eine Halskette mit einer Bärenklaue aus Navajosilber. Der Mann, den ich liebte, der Jagdführer, hatte sie mir als Versöhnungsgeschenk nach einer unserer zahlreichen Trennungen geschenkt, nach einer seiner Affären. Er schenkte sie mir in einer kunstvoll verpackten kleinen Schachtel wie für einen Ring, und ich schüttelte das Päckchen, hörte es darin klimpern und dachte: Mein Gott, jetzt tut er es wirklich! Als ich es öffnete und sah, daß es kein Ring war, sondern ein Anhänger, war ich nicht etwa enttäuscht. Ich trug den Anhänger ganz einfach wie einen Ring, schätzte die Symbolik dieses Anhängers falsch genug ein, um mich erneut auf die Beziehung einzulassen und zugleich ein letztes Mal an einer Jagd teilzunehmen.

Es war Ende August und viel zu warm für das Hochgebirge. Ich war mit zwei Männern aus Mississippi, die mit Pfeil und Bogen jagen wollten, knapp zweihundert Kilometer von Tok entfernt von einem Flugzeug abgesetzt worden. Wir hatten ein Basislager aufgeschlagen und waren von dort durchs Tal des Tok hinauf zu den Gletschergebieten gestiegen. Bei diesem warmen Wetter hielten Dall-

Schafe sich in großen Höhen auf, vermutlich höher, als wir würden klettern können.

Aber wir probierten es trotzdem, überquerten Schmelzwasserflüsse, die normalerweise schmal, aber bei dieser Hitzewelle zu tosenden Gewässern angeschwollen waren, und nach jeder Überquerung wußten wir, daß wir nicht zurückkonnten, solange das Wetter nicht umschlug und der Wasserstand wieder sank. Wir hatten natürlich unsere Ausrüstung dabei, ein Zelt, Schlafsäcke, Kleidung zum Wechseln und, falls wir kein Tier erlegten, genug Lebensmittel für gut drei Tage.

Als wir den Gletscher am oberen Ende des Tales erreichten, hatten wir noch keine frischen Fährten von Wildschafen entdeckt, und damit war klar, daß die Tiere noch höher sein mußten, vermutlich mit dem Bauch in einem Schneefeld lagen und noch nicht mal Nahrung brauchten, bis das Wetter wieder kühler wurde. Wir waren durchnäßt und erschöpft, verschwitzt und hungrig, aber wir ließen die Hälfte unserer Ausrüstung zurück, die Zelte und Schlafsäcke, und kletterten die felsige Moräne hinauf, die den Gletscher säumte. Wir kamen durch dichte Erlenwälder, die, wie es schien, fast waagerecht aus Felsen wuchsen, wir kletterten über durchweichte, mit Moos und Flechten bewachsene Erdwälle, in die wir die Stiefelspitzen und Fingernägel bohrten, wenn es zu steil wurde. Unsere Socken wurden immer nasser, unsere Atmung immer schwerer, doch auch nach Stunden war noch immer keine Spur von Wildschafen zu sehen.

Die Jäger – ich habe ihre Namen vergessen, aber nennen wir sie einfach Larry und Moe – waren nervös. Wir waren alle nervös. Die Rucksäcke waren zu schwer, die Luft zu drückend, die Sonne zu heiß, und wir waren mittlerweile so hoch gestiegen, daß wir längst eine Spur von den Wildschafen hätten entdecken müssen. Wir machten erschöpft auf einer von Tundra umgebenen Felsgruppe Rast. Larry vertrieb sich die Zeit, indem er einen Pfeil nach dem anderen auf ein Schneehuhn abschoß (ein dicker Vogel mit wuscheligen weißen Après-Ski-Stiefeln an den Beinen), das so ruhig und einfältig, wie nur ein Schneehuhn sein kann, die Pfeile dicht über seinem Kopf vorbeizischen ließ. Larry traf es einfach nicht, und das Schneehuhn war nicht gewillt davonzufliegen. Moe stocherte mit einem langen Stock in einem Loch in der Erde herum, dessen Inhalt er ergründen wollte. Ich suchte in meinem Rucksack nach etwas Eßbarem und entdeckte ganz unten zwischen Thunfischdosen und getrockneten Aprikosen einen dicken Stein – Quarz, glaube ich –, der bestimmt an die drei Kilo wog.

»Ihr Mistkerle«, sagte ich zu Larry und Moe, die mich grinsend beobachtet hatten.

In diesem Augenblick wurden die Hornissen endlich so wütend, daß sie aus dem Erdloch schwärmten, in dem Moe herumstocherte. Vielleicht wissen Insekten ja, wer in einer Gruppe von

Leuten allergisch gegen sie ist; die hier schienen es jedenfalls zu wissen. Zumindest vier von ihnen, die sich schnurstracks auf mich stürzten und mir in die Hand stachen. Den Erste-Hilfe-Kasten mit den Spritzen mit Epinephrin hatten wir vor dem Gletscher zurückgelassen, und bis dorthin war es ein Fußmarsch von wenigstens vier Stunden.

Ich saß still da und spürte, wie mein Herzschlag schneller wurde, meine Atmung sich zu einem Keuchen beschleunigte. Das ist also das Ende, dachte ich, ein Hornissenstich, auf einem Gletscher mit Larry und Moe.

Dann setzte sich mein Selbsterhaltungstrieb durch. Ich befahl Larry, mich auf dem Rücken über den Gletscher zu tragen, befahl Moe, vorauszulaufen und nach einer Stelle Ausschau zu halten, wo das Eis geschmolzen war und das Schmelzwasser einen Tümpel gebildet hatte. Ich versuchte, keinerlei Energie zu verbrauchen, als Larry mit mir über die Moräne und auf den Gletscher stieg. Moe signalisierte mit einem Pfiff, daß er einen mehrere Zentimeter tiefen Tümpel gefunden hatte, und Larry legte mich hinein, während ich mich nach besten Kräften bemühte, durch die immer kleiner werdende Öffnung zu atmen, die mein Hals war.

Ich lag in dem Gletschertümpel, bis ich so gefühllos war, daß ich meinen Torso kaum noch spürte. Irgendwann ließ der Adrenalinschub nach, und meine Kehle öffnete sich allmählich wieder. Meine Hand, der ganze Arm war auf das Fünf- bis Sechsfache seiner normalen Größe angeschwollen. Ich packte mich in unsere wenigen noch trockenen Sachen ein und versuchte, einen Keks zu essen, aber ich hatte keinen Appetit und kaute nur darauf herum. Der Tag neigte sich dem Ende, die Sonne glitt flach über den Horizont und drohte, jeden Moment unterzugehen. Bald würde es kalt werden, und der nächtliche Wind vom Gletscher würde einsetzen. Keiner von uns wollte aussprechen, was wir alle drei wußten; wir mußten runter zum Rand des Gletschers, bevor es völlig dunkel wurde, wir mußten zu unseren Schlafsäcken, bevor es kalt wurde. Larry konnte mich nicht den ganzen Weg tragen, und ich fragte mich, ob es nicht besser wäre, wenn sie mich einfach zurückließen, falls ich nicht in der Lage wäre, durch Tundra und über Felsen und durch die Erlenwälder hinunter zu unserer Ausrüstung zu steigen.

»Versuchen wir's«, sagte ich. »Wenn wir jetzt gehen, können wir uns noch Zeit lassen.« Das war gelogen, aber ich sprach mit Bestimmtheit, und die Jungs glaubten mir. Wir würden zur schlechtesten Tageszeit durch den Erlenwald müssen. Unsere Sicht würde begrenzt sein, die Felsen und Baumstämme würden vom Tau glitschig sein, und die Grizzlys würden unterwegs sein. »Ihr müßt jetzt ganz laut singen«, sagte ich. »Geben wir den Bären eine Chance, sich richtig zu verhalten.«

Wir gelangten über die Tundra zurück in den Erlenwald. Bei jedem Schritt, bei jeder kleinen Muskelanspannung schien mein Arm vor Schmerz zu bersten, und mir wurde schwindelig. Mein Puls wurde schneller, mein Hals enger, und ich mußte mich ein wenig ausruhen, bis er wieder freier wurde. Schließlich wurde der Hang so steil und die Erlen so dicht, daß wir uns nur noch mit den Armen durch die Äste hindurchhangeln konnten wie Kinder auf eitlem Klettergerüst. Der Schmerz in meinem Arm wurde fast unerträglich, und dann spürte ich nichts mehr, so wie bei einer geplatzten Blase am Fuß, wenn man anschließend noch stundenlang weitermarschiert. Wir konnten hören, daß sich Tiere in der Nähe zwischen den Bäumen bewegten, große Tiere, und dann und wann wehte ein dunkler Moschushauch zu uns herüber.

»Singt lauter, verdammt!« schrie ich den Jungs vor mir zu, die durch die Geräusche neben ihnen so verängstigt waren, daß sie verstummten und nur noch eins wollten, nämlich raus aus dem Wald und zu der relativ sicheren Stelle gelangen, wo wir das Zelt zurückgelassen hatten. Sie fingen halbherzig an, »King of the Road« zu singen, und ihre Stimmen verrieten mir, daß sie viel schneller vorankamen als ich und bald außer Hörweite sein würden.

In diesem Moment, als ich gerade die Arme beugte und mich mit den Beinen auf den nächstunteren Ast schwingen wollte, verfing sich die dicke Kette, an der ich meine Bärenklaue trug, an einem Erlenzweig. Mein Kopf wurde nach hinten gerissen, und ich wäre fast erhängt worden, weil die

Kette so fest war und mein Arm so schwach und die Schwerkraft mich mit aller Macht nach unten zog. Ich schnappte nach Luft, bekam aber keine, also hob ich meinen gesunden Arm zu dem Ast über mir und tat etwas, was ich im Sportunterricht nie geschafft hatte: einen einhändigen Klimmzug. Meine Füße fanden Halt, und ich konnte die Halskette von dem Ast streifen.

Ich nahm die Bärenklaue in die Hand und spürte die Kühle des Silbers, fühlte, wie mein starkes Herz Blut in jeden Teil meines Körpers sandte, auch in meinen deformierten Arm, und mir wurde klar, daß ich mich im Hinblick auf die Halskette getäuscht hatte. Daß ich mir die Metaphorik eines anderen Menschen angeeignet hatte, um sie zu verstehen. Daß sie in Wirklichkeit gar nichts mit einem Verlobungsring zu tun hatte oder mit dem Mann, der sie mir geschenkt hatte, daß sie letztlich nicht im geringsten mit irgendeinem Mann zu tun hatte. Und daß dieser Mann, ganz gleich, welche Rolle er dabei gespielt hatte, daß ich überhaupt in dieses wilde Land gekommen war, rein gar nichts damit zu tun hatte, warum ich geblieben war, nichts mit all den Dingen, die ich in den Monaten mit den Jägern und den Tieren gelernt hatte, daß er rein gar nichts mit der Kraft und der Ausdauer zu tun hatte, die mich jetzt, von Hornissen gestochen und verängstigt und durchgefroren, diesen fast dunklen alaskischen Berghang hinunterbrachten.

Danach trug ich die Halskette mit einem anderen

Gefühl, und Jahre später, als der Verschluß papierdünn geworden war und der Anhänger mir eines Tages in die zufällig geöffnete Hand fiel, ersetzte ich ihn durch Silbermünzen aus dem 17. Jahrhundert, die ich in der Nähe einer Silbermine in Bolivien entdeckte. Derzeit warte ich darauf, die Bedeutung dieses neuen/alten Schmucks an meinem Hals zu ergründen.

Es ist Jahre her, daß ich als Jagdführerin gearbeitet habe, obwohl ich öfter in die Wildnis Alaskas zurückgekehrt bin, mit einer Kamera oder einem Kajak oder einem Paar Cross-Country-Skiern. Dank der Jahre, in denen ich Jäger durch die Wildnis geführt habe, fühle ich mich in der Natur noch mehr zu Hause, und was noch wichtiger ist, ich habe ein viel tieferes Verständnis für mein animalisches Selbst gewonnen. Ich habe auch das Blut von fünf schönen wilden Tieren an den Händen, und das werde ich nie vergessen. Vielleicht muß ich deshalb, wie die Jäger, meine Geschichte immer und immer wieder erzählen.

LIEVE JORIS

Das Regenopfer

Ihre Reisen haben sie nach Afrika, in den Nahen Osten und in die arabischen Länder geführt: Die gebürtige Belgierin Lieve Joris hält in ihren spannenden und einfühlsamen Reisereportagen (»Mali Blues«, »Die Tore von Damaskus«, »Die Sängerin von Sansibar«) ihre Begegnungen mit fremden Kulturen und ungewöhnlichen Menschen fest. Hier entführt sie uns in die magische Welt eines senegalesischen Dorfes, in dem sie das Ritual des Regenopfers miterleben darf und sogar dem Stammeskönig begegnet.

Gäbe es da nicht eine asphaltierte Straße, wäre Oussouye ein vergessenes senegalesisches Dorf. Lehmhütten, eine Missionsstation, ein Gefängnis, über dem die Luft in der Mittagshitze flimmert. Kein Windhauch, um die Mücken zu vertreiben. Eine in sich geschlossene Welt, in die die Asphaltstraße einen Sprung gemacht hat. Durch diesen Sprung scheint der Abglanz der Außenwelt herein.

Die alten Männer des Diola-Stammes, die auf dem Boden vor ihren Hütten hocken, sind nicht verwundert, als ich aus dem Buschtaxi steige. Fremde stranden wohl öfters in Oussouye. Hinter dem Marktplatz liegt ein einfaches kleines Hotel. Die Zimmer haben weder Türen noch Fenster, ein feinmaschiges Moskitonetz ist der einzige Schirm gegen die Nacht.

Wehklagen hat mich tagelang verfolgt. Früher, sagen die Diola, regnete es um diese Zeit in der Casamance, und die Reisfelder standen unter Wasser. Nun ächzt die Erde unter der Dürre. Die Felder sind bestellt, die Werkzeuge geschärft. Alles wartet. »Aber bald wird es regnen«, sagt der Hotelbesitzer und fragt, ob ich die Ochsen auf dem Marktplatz gesehen habe. »Sechs Ochsen müssen wir haben. Dann wird es regnen. Sechs schwarze Ochsen.«

Die Männer sitzen immer noch da, als ich gegen Abend vorbeikomme. Sie wärmen sich am Licht der Straßenbeleuchtung und schauen den Autos nach, die auf der Asphaltstraße wie durch einen beleuchteten Tunnel zum Atlantischen Ozean fahren. Im Restaurant du Sud, einem kahlen Raum mit Holztischen und einem Coca-Cola-Kalender an der Wand, serviert ein schweigsamer Junge Reis mit Fisch.

Ich mache mich auf die Suche nach dem Haus von Felicien. Er ist Lehrer, hat früher mit Weißen gearbeitet, sein Name steht in meinem Notizbuch. Mehr nicht, das ist in einem vergessenen Ort wie Oussouye ausreichend. »Felicien?« Im Schein meiner Taschenlampe taucht ein Mann mittleren Alters in Shorts und T-Shirt auf. Die Hitze hat ihn nach draußen getrieben. In der Türöffnung wacht seine Frau über die Kinder, die drinnen auf Schilfmatten schlafen.

»Hast du die schwarzen Ochsen gesehen?« fragt er und lacht dabei, zu laut für die Stille um uns. In der Ferne, wo das Dunkel noch tiefer ist, ist das Trommeln von Tamtams zu hören. So ist es jeden Abend, seit Toje ... »Menschen kommen von nah und fern, um auf ihren Rat zu hören«, seufzt Felicien, »jeder Ortsteil muß einen Ochsen schlachten, sagt sie, dann wird es regnen.« Fünf Ochsen haben die Dorfbewohner inzwischen gekauft. Die Suche nach dem sechsten treibt sie zur Verzweiflung; es gibt nicht so viele schwarze Ochsen in der Gegend, und binnen zwei Tagen muß das Opferfest abgehalten werden.

Ich dürfe Felicien alles fragen, wurde mir gesagt, er werde mein Führer sein. Aber nun bin ich befangen. Im Busch am Rand von Oussouye lebt ein Diola-König, den ich gerne kennenlernen würde. Kann er mir dabei helfen? Und Toje, ist das die Frau, die behauptet, daß sie die neue Königin sei? Dann will ich auch mit ihr sprechen. Felicien wehrt meine letzte Frage mit den Händen ab. »Der König hat einen Hofstaat, der vermitteln kann, wenn du ihn kennenlernen willst. Aber Toje, nein, nein, sie will keine Weißen sehen!« Dann schweigt er, und in der Stille schwillt das Getrommel erneut an. »Ah, c'est l'Afrique«, sagt er nun sanfter, »l'Afrique des tamtams, l'Afrique des fétiches, l'Afrique des mystères.« Ich bin froh, daß das Dunkel unsere Gesichter und meine Beschämung verbirgt.

Am Morgen sprenkeln Sonnenstrahlen den Boden unter den Mangobäumen, und in diesem Spiel von Licht und Schatten ziehen farbenprächtige Gestalten zur Asphaltstraße. Frauen mit Krügen auf dem Kopf, Kinder, die einfallsreiche Konstruktionen über den buckligen Pfad hinter sich herziehen: Autos aus Eisendraht mit Limonen als Räder.

Auf dem Dorfplatz haben die Gefängniswärter unter den Kapokbäumen Souvenirs ausgestellt. Finstere Skulpturen aus Ebenholz, die wie Soldaten in Reih und Glied stehen. Arbeiten von Gefangenen. Vom Erlös kaufen sie Zigaretten und Tee.

Die Kinder von Oussouye sind ihrem Beispiel gefolgt. In einer Schilfhütte am Weg verkaufen sie ihr Spielzeug: kleine hölzerne Radios und Fernseher, genaue Kopien der Originale; Motorräder mit der Aufschrift »Paris–Dakar« an der Seite; Miniaturschiffe mit dem Namen »African Queen«.

Ein Stück weiter befindet sich der Fahrradmechaniker von Oussouye. Er hat ein Schild an einen Baum genagelt: »Vélos à louer«. Drei Exemplare hat er, die er an Durchreisende vermietet. Unter dem Baum repariert er die Fahrräder der Dorfbewohner, ein florierendes Geschäft, denn selbst Polizisten benutzen in dieser flachen Gegend Räder als Beförderungsmittel.

In dem kleinen Laden gegenüber kann man alles bekommen, von Batterien bis zu Coca-Cola. Der Verkäufer sitzt den ganzen Tag im dunklen kühlen Raum und starrt auf die Straße. Seufzend steht er auf, wenn er durch einen Kunden gestört wird. Er verkauft Würfelzucker im Dutzend und schneidet Butter in unendlich kleine Stückchen, die er in Zeitungspapier verpackt.

Das Haus von Felicien ist zugesperrt. Sein Nachbar deutet zu den Feldern am Rand des Dorfes. Während der Schulferien ist Felicien meistens dort zu finden. Ich sehe ihn schon von weitem, eine kleine Gestalt in einer offenen Landschaft, die von Palmen eingegrenzt wird. Er geht gebückt, ein metallener Behälter auf seinem Rücken. Über dem Feld hängt eine weiße Wolke von Insektenpulver. Er wischt sich den Schweiß von der Stirn. »Heuschrecken. Wenn ich sie jetzt nicht vernichte, fressen sie alles auf.«

In der vergangenen Nacht ist ein Schwein ausgebrochen. Sechs Häftlinge wurden in die Felder geschickt, um es zu fangen. Sie tauchen am Horizont auf, flinke Kerlchen, die lachen und schreien wie in einer Posse. Später kommen sie an Feliciens Haus vorbei, begleitet von einem Aufpasser auf seinem Fahrrad. Sie zerren das quiekende Schwein an einem Strick hinter sich her.

An diesem Morgen ist der sechste schwarze Ochse gekauft worden. Auch Felicien hat mitbezahlt. »Für dieses Geld muß ich eine Woche arbeiten«, sagt er mißmutig. Er konnte sich der Verpflichtung nicht entziehen, denn der Ochse seines Ortsteils wird gegenüber seinem Haus geopfert werden, und sein Bruder ist der »féticheur«, der die rituelle Schlachtung ausführen wird.

Er wischt sich die staubigen Hände an seinen Shorts ab. »Du wolltest doch den König sehen? Heute nachmittag werden wir es versuchen.«

Die Könige der Diola gehören einer Welt an, die hartnäckig im Schatten der Asphaltstraße weiterlebt. Sobald die Dorfältesten mit ihren Stöcken auf einen neuen König zeigen, muß dieser sich in den heiligen Wald außerhalb von Oussouye zurückziehen. Dort führt er ein Leben voller Entbehrungen. Er darf sich nur tagsüber in der Öffentlichkeit zeigen und nie einen Flußarm überqueren, so daß seine Bewegungsfreiheit eingeschränkt ist. Im heiligen Wald empfängt er die Dorfältesten, schlichtet Konflikte und wacht über die Dorftraditionen.

Früher, als die Franzosen in dieser Gegend die Herren waren, waren die Könige ihre gefürchtetsten Gegner. Die junge Königin Alinsitowe führte einen regelrechten Volksaufstand gegen die Franzosen an, ihr Körper war ein Schild gegen die Invasion von Ausländern. Seit sie verbannt wurde, fühlen sich die Zurückgebliebenen unbeschützt.

Felicien hörte die Geschichte über Alinsitowe von seinem Vater. Sie erfüllte ihn als Kind mit Ehrfurcht und Angst. Alinsitowe, die war stark, sagt er: Wenn sie ihren Stock gegen den Himmel richtete, begann es sofort zu regnen. Ich wundere mich. Ist das derselbe Mann, der gestern über die Anhänger von Königin Toje lachte? Er ist Mitglied eines Bauernverbands in der Stadt; dort hat er das Insektizid gekauft, um die Heuschreckenplage zu bekämpfen. Er weiß, daß die Wüste in dieser Gegend auf dem Vormarsch ist. Aber die Geschichten seiner Vorväter wagt er nicht in Zweifel zu ziehen. Als ob die Angst, die er als Kind spürte, ihn noch immer beherrsche.

Als ich ihn an diesem Mittag aufsuche, sind seine Augen rot unterlaufen. Drinnen steht auf dem wackligen Holztisch eine Schale mit Palmwein. »Erst müssen wir trinken«, sagt er resolut und reicht mir eine hölzerne Kelle. Der König spricht nicht Französisch, also wird er selbst die Fragen stellen. Was will ich wissen? »Du darfst ihn viele Dinge nicht fragen, die sind tabu«, schärft er mir ein. »Erkundige dich vor allem nicht nach seiner Frau und seinen Kindern oder nach den Geheimnissen des heiligen Walds.«

Die alten Männer an der Asphaltstraße schauen uns geistesabwesend an, als wir vorbeigehen; sie sind bereits an meine Anwesenheit im Dorf gewöhnt. Flankiert von Felicien, erfüllt von unserer Mission, sehe ich sie plötzlich anders: Sie fühlen sich in der neuen Welt nicht daheim, sondern haben sich längs des Weges als Bewacher der vergangenen Diola-Welt aufgestellt. »Worüber reden sie bloß den ganzen Tag?« frage ich. Felicien lächelt geheimnisvoll: »Wer kann das schon sagen? Ils font le tour de l'horizon. Sie verschaffen sich einen Überblick.«

Ich hatte eine lange mühsame Wanderung erwartet, doch bereits nach wenigen Minuten bleibt Felicien stehen. Vor einer Lehmhütte sitzt eine Frau mit einem Lendentuch um die Hüften. Ihre Brüste sind verwelkt, leer. »Die Frau des Königs«, flüstert Felicien. Sie geht uns in Richtung des Waldes voraus und gibt uns ein Zeichen zu warten.

Kurz darauf stehen wir an einer Lichtung, die von Schilfrohr umsäumt ist. Aus einer Öffnung im Schilf kommt er zum Vorschein, eine schmale Gestalt in rotem Gewand, eine rote Mütze auf dem Kopf, einen Stock aus Rohr in der Hand: der König. Er sieht mehr wie ein Elf aus. Ausdruckslos schaut er uns an. Seine Lippen öffnen sich kaum, wenn er spricht, er lacht nicht, seine Augen verraten keine Emotion. Er steht da, als ob er nicht sich selbst, sondern anderen gehöre.

Ein König darf in Gegenwart von Fremden nicht sitzen, also bleiben wir stehen. Was folgt, ist kaum als Gespräch zu bezeichnen, und so hat es Felicien wahrscheinlich auch beabsichtigt: Ich darf den König sehen, mehr nicht. Er übersetzt meine Fragen mit entschuldigenden Gebärden. Die Antwort muß darin bereits häufig enthalten sein, denn der König nickt nur. Meine Frage nach der traditionellen Rolle eines Königs in diesen verändernden Zeiten schneidet Felicien mit den Worten ab: »Ça le dépasse. Das geht über seinen Verstand.« Einmal höre ich den König »pagaille«, Saustall, sagen, und einmal »ah, bon«. Es sind Worte, die wie Blitzstrahlen in undurchdringlicher Finsternis auftauchen.

Als ich frage, ob er mit seinem Dasein als König

glücklich ist, schüttelt er traurig den Kopf. »Nein, es ist ein schreckliches Los«, übersetzt Felicien, »doch wer die Königswürde ablehnt, stirbt nach drei Tagen, und was würde das Dorf ohne König sein? Jeder würde nur tun, was ihm paßt.«

»Wir dürfen ihn nicht länger ermüden«, entscheidet Felicien kurz darauf. Der König gibt seiner Frau ein Zeichen. Dann zieht er sich in die Einsamkeit des Waldes zurück.

Auf dem Rückweg erzählt Felicien, daß ein Mann aus einem Nachbardorf unlängst Hals über Kopf ins Ausland flüchtete, als er hörte, daß er König werden müsse. Er befürchtete, daß die Dorfältesten eines Nachts in sein Haus schleichen und ihn mit ihren Rohrstöcken antippen würden, worauf eine Weigerung unmöglich sein würde.

Unter dem Kapokbaum gegenüber Feliciens Haus hat sich eine große Menschenmenge versammelt. Sie bereiten die Ankunft von Königin Toje vor, die morgen durch das Dorf ziehen wird, um den rituellen Schlachtungen beizuwohnen. Die Jugendlichen von Oussouye haben sich mit Speeren, Messern und Stöcken als Krieger aufgeputzt. Ihre Gesichter sind weiß bemalt. Einer trägt Glühbirnen auf dem Rücken, ein anderer hat sich zwei Singles auf die Oberarme gebunden. Sachen aus dem Kiosk an der Asphaltstraße oder von noch weiter her, aus der Stadt.

Tamtams trommeln, und die Burschen beginnen

um den Baum zu tanzen, immer schneller. Glöckchen, Medaillen und Amulette blitzen auf in der einbrechenden Dunkelheit. Aus der wirbelnden Masse heben sich bekannte Gesichter heraus: der Sohn des Hotelbesitzers, die Jungen, die tagsüber an der Asphaltstraße herumhängen. Ihre Körper sind schweißgebadet. Die Lianen, die sie straff um Arme und Beine geflochten haben, schneiden ins Fleisch und hinterlassen eine wäßrige Blutspur. Aber sie scheinen es nicht zu bemerken, ihre Füße stampfen im gleichen Rhythmus weiter. Ihre Mienen zeigen jetzt einen entschlossenen Ausdruck. Als ob sie hinter etwas herjagten, das für mich unsichtbar bleibt.

Meine Bitte hat Felicien in Verlegenheit gebracht. »Ein Diola verweigert einem Fremden nie den Eintritt in sein Haus«, sagt er. Aber wenn Königin Toje mit ihrem Gefolge durch seine Straße zieht, muß ich mich fernhalten: Sie will nicht, daß Weiße ihren Weg kreuzen. Sie sagt, daß sie im Namen von Königin Alinsitowe handelt: Die Weißen, die Alinsitowe entführten, würden auch ihr Böses antun wollen.

Sie wirft den Diola vor, daß sie Alinsitowe verraten haben. Sie kaufen importierten Reis, kochen in Kupferkesseln und essen mit Messer und Gabel, genau wie die Weißen. Als die Asphaltstraße angelegt wurde, sahen sie tatenlos zu. Nun fahren die Weißen vorbei und lassen ihre schamlosen Blicke über das Dorf schweifen. Wenn die Diola wollen, daß es regnet, werden sie sechs Tage auf traditionelle Weise essen müssen.

Felicien erzählt es angewidert. »Zurück in die alte Zeit«, höhnt er, »als ob das noch möglich wäre!« Dann verfällt er wieder in Nachdenken. »Ich habe keine Angst vor ihr, aber was würden die Nachbarn sagen, wenn sie dich hier sehen?«

Am nächsten Morgen wartet Felicien bereits im Hof des Hotels auf mich. Er hat es sich anders überlegt. »Komm ruhig mit, die Vorbereitungen darfst du auf jeden Fall sehen.«

Am Kapokbaum gegenüber seinem Haus ist ein großer schwarzer Ochse festgebunden. Felicien zeigt auf das kleine Schutzdach hinter dem Baum: Da liegen Knochen von rituell geschlachteten Ochsen, Ziegen und Schweinen auf einem Haufen. Ein Stück weiter sitzen alte Männer auf Bänken und unterhalten sich lebhaft. Manchmal gehen sie zu Feliciens Haus. Da steht ein Faß Palmwein, aus dem sie trinken. Erst jetzt bemerke ich, daß auch Felicien nicht mehr nüchtern ist.

Überall liegen kleine Holzstapel für das Feuer, auf dem nachher gekocht werden wird. Gaskocher hat Toje verboten. Alte Frauen in verschlissenen Lendentüchern schaffen Töpfe mit Reis, Bohnen und Erdnüssen heran. Andere schleppen sich mit schweren irdenen Schüsseln ab. Ihre Bewegungen sind träge, sie zeigen einander, was zu tun ist, und kichern, wenn etwas schiefgeht – als ob sie ein Stück spielten, das sie vor langer Zeit einmal aufgeführt haben. Marie, die Frau von Felicien, sitzt neben mir in der Türöffnung. »Es ist sehr schwierig, in einem Tontopf zu kochen«, sagt sie, »ich könnte es nicht. Und wenn so ein Topf herunterfällt, zerbricht er.«

Gleich neben dem Knochenhaufen unter dem Schutzdach sticht ein hochaufgeschossener Mann mit einem Spaten in die Erde und beginnt zu graben. Es ist Feliciens Bruder, der *féticheur.* Sein entblößter Oberkörper ist mit farbigen Perlenschnüren behängt. Über der Grube wird der Ochse geköpft werden.

Die alten Männer auf ihren Bänken, die Frauen rund um die Kochtöpfe, Feliciens Bruder an der Grube, jeder hat eine Rolle in diesem Ritual, selbst Marie, die Reis zu Mehl stampft. Lediglich Felicien läuft unruhig umher, als ob er sich nicht entscheiden kann, was er tun soll. Manchmal geht er nach drinnen und trinkt gierig vom Palmwein. Als sich unsere Blicke kreuzen, lacht er blöde.

Der dumpfe Klang der Tamtams nähert sich. Nun kommt unter dem Kapokbaum Geschäftigkeit auf: Königin Toje ist im Anzug. Felicien zerrt mich mit: »Schnell hinein!« Er ist nervös und schweißnaß. »Ich muß dich einschließen, es geht nicht anders, denn wenn die Männer hereinkommen, um Wein zu trinken, würden sie dich sehen.« Mit einem knarrenden Geräusch schließt sich die Wellblechtür. Durch ein Loch dringt ein dünner Lichtstrahl herein.

Im Dunkel um mich herum schwellen die Geräusche an. Ich höre aufgeregte Stimmen. Unwillkürlich zieht es mich an das Loch in der Tür. Von hier sehe ich das Geschehen auf der Straße wie durch ein Teleskop. Tojes Priester, behängt mit Blumengirlanden und Perlenschnüren, drängen sich unter dem Kapokbaum. Rufe und Geschrei kündigen Tojes Ankunft an. Mein Blick erhascht für einen Augenblick ihr Gesicht, ihr Haar ist von einem Blumenkranz bedeckt. Dann wird sie von der Menge verschluckt.

Aller Augen sind nun auf die Grube gerichtet, die außerhalb meines Gesichtskreises liegt. Die Menge bewegt sich rhythmisch hin und her. Auf dem Sandweg hat sich das Gefolge von Königin Toje versammelt: junge Mädchen in blauen Gewändern, die sich bunte Muscheln ins Haar geflochten haben. Sie tanzen und singen. Ich komme mir vor wie im Kino – bis auf die Tatsache, daß der Geruch von Schweiß und säuerlichem Palmwein hereindringt. Ab und zu stößt jemand gegen die Tür, oder eine vorbeilaufende Gestalt versperrt mir die Aussicht.

Nun setzt sich die Menge wieder in Bewegung. Ich erschrecke. Jemand rüttelt an der Tür. Es ist Marie. Sie dreht den Schlüssel um. »Es ist vorbei.« Weiter weg sehe ich den toten Ochsen auf einem Bett von Palmblättern liegen. Vier Männer zerlegen ihn. Felicien kommt zu uns her. Seine Beine sind aufgeschürft. Er grinst: »Mein Bruder konnte das

Tier nicht allein bezwingen. Ich mußte ihm helfen. Ich habe den Schädel des Ochsen zwischen meine Beine geklemmt.«

Die Männer hängen große Klumpen Fleisch in den Kapokbaum. Einen Teil müssen sie an die Königin abtreten. Die nächsten sechs Tage werden sie unter dem Kapokbaum essen. Wenn vom Ochsen nichts mehr übrig ist, müssen sie weiße Hühner schlachten.

Ich spaziere zur Asphaltstraße. Morgen will ich weiter. Die alten Männer auf dem Marktplatz wiegen bedenklich ihre Häupter. »Der Weg nach Youtou ist schlecht«, sagt einer, »wenn es heute nacht regnet, ist es unmöglich, dorthin zu kommen.« Ich lache: »Warum sollte es regnen?« Der Mann schaut mich erstaunt an. »Wir haben heute sechs Ochsen geschlachtet, damit es regnet. Was hast du getan, damit es *nicht* regnet?« Seine Freunde brechen in Gelächter aus.

Als das Essen fertig ist, ziehen sich alle unter den Kapokbaum in ihrem Ortsteil zurück. Ich will zu der Grube, in die das Blut des Ochsen gesprudelt ist, doch Felicien hält mich zurück. »Nicht. Mein Bruder würde böse werden.« In der Hocke sitzen wir um die Kürbisse mit Reis und Fleisch. Wir essen mit den Händen, wie es Königin Toje befohlen hat. Der Reis schmeckt angebrannt, ganz anders als der Reis, den ich in den letzten Tagen gegessen habe. Es fehlt das Tomatenpüree, das die Diola sonst in ihre

Soße geben. Keine importierten Produkte, hat Königin Toje befohlen.

Während wir essen, bezieht sich der Himmel. Unter dem Kapokbaum wird es drückend, als ob die Hitze des Tages sich hier zusammenballte. Bisher war es in Oussouye windstill gewesen, doch nun zerrt der Wind an den Blättern der Bäume und läßt das Feuer aufflackern. Das Grollen in der Ferne stammt nicht mehr von Tamtams: Es ist der Donner, der im Anzug ist. Dann klatschen die ersten dicken Tropfen herunter. Ich suche mit meinem Blick Felicien. Er sitzt über seinen Reis gebeugt. Sein Bruder steht auf und macht mit seinen Händen Gebärden, wie um den Regen zu ermutigen. Eine Frau nimmt eine Handvoll Reis aus einem Kürbis und streut ihn über seinen Kopf. Je wilder der »féticheur« tanzt, um so heftiger regnet es, als ob er über die Naturgewalten gebiete. Nun öffnen sich die Schleusen des Himmels vollends. Blitzstrahlen schießen durch die Luft.

Marie zieht mich am Arm. Die Menschen um uns herum stieben in alle Richtungen. Wir hasten über den Sandweg. Von der Türöffnung aus sehen wir, wie der Regen die Straßen in Schlammtümpel verwandelt. Ich schaue Marie an: »Man könnte fast denken, daß Königin Toje ...« Sie zuckt die Achseln: »Erinnerst du dich, daß vorige Woche Vollmond war? Eine Woche darauf beginnt es meistens zu regnen.«

Die Frauen, die in ihre Häuser geflüchtet sind,

kommen wieder heraus. Sie haben eiserne Rasseln in den Händen. Kinder ziehen ihre Kleider aus und tanzen nackt in den Pfützen. Felicien kann der Verlockung nicht widerstehen, auch er zieht sein Hemd aus. In seinen roten Shorts macht er vor der Tür Tanzschritte.

Sein Bruder bringt Töpfe mit Essen unter dem Kapokbaum in Sicherheit. Er braucht Hilfe: Der Regen strömt in die Grube mit Ochsenblut, das Blut darf nicht zu dünn werden, sonst verliert es seine Kraft. Einen Augenblick scheint Felicien zu zögern, dann rennt er über die Straße, packt eine Schaufel und beginnt wie besessen eine Rinne zu graben, die das Wasser ableiten soll. Er gräbt und gräbt und zeigt keine Spur mehr von der Wankelmütigkeit der vergangenen Tage. Schon bald ist von seiner Gestalt nicht mehr zu erkennen als ein fahler roter Fleck: seine Shorts. Zwischen uns hängt ein Regenvorhang.

JAMIE ZEPPA

Der Weg nach Tsebar

Jamie Zeppa (1964) läßt sich auf eines der letzten wirklichen Abenteuer ein: Voller Idealismus beschließt die junge Kanadierin, für zwei Jahre als Englischlehrerin nach Bhutan zu gehen, das letzte unabhängige Königreich zwischen Tibet, Indien und Sikkim. Im geheimnisvollen und exotischen »Land des Donnerdrachens« begegnet Jamie einer völlig unberührten Welt. Mitreißend und temperamentvoll erzählt sie von der wilden Schönheit der Natur, von der faszinierenden buddhistischen Religion und von der traditionsreichen Kultur mit ihren uralten mystischen Bräuchen.*

Der Nebel kämpft mit den Bergen und gewinnt. Schleichend wie eine Krankheit breitet er sich aus, er läßt grüne Bäume fahl werden, er knabbert Gebirgskämme an, läßt ausladende Bergflanken verschwinden und harten Fels wie Schatten erscheinen. Alles sieht gespenstisch aus, wie seit langem verlassen, wie am Ende der Zeit. Nachts schüttet es in Strömen. Noch nie habe ich solche Regenmassen gesehen. Es ist erst März, die Monsunzeit ist noch nicht einmal angebrochen. Ich stelle mir den gewaltigen Erdrutsch auf der Transversale vor, wie der restliche Berg auch noch weggespült wird. Es wird Monate, wenn nicht gar Jahre dauern, bis man dort wieder entlangfahren kann. Ich komme mir vor, als säße ich fest.

Nach dem Unterricht spaziere ich auf dem Schulgelände umher und beobachte die Wolken, die über die Berge ziehen. Manchmal fallen sie in riesigen Schwaden vom Himmel ins Tal herab oder werden zu Bändern zerrissen, die hinter der Hauptwolke herziehen, durch Bäume hindurch und über Bergkämme hinweg.

Mein heutiger Versuch, die Klasse 2c mündlich buchstabieren zu lassen, war ein großer Reinfall, desgleichen das anschließende Diktat. Einige der Kinder können ganz passabel schreiben, andere hingegen kaum einen Griffel halten. Den restlichen Tag brachten wir mit Bildermalen zu. Als ich mich später im Lehrerzimmer mit Kollegen unterhielt, nahm ich deutlich meine hier nicht hineinpassenden Ecken und Kanten wahr. Ich bin zu salopp, zu direkt, keiner lacht über meine Witze. Ich bemühe mich, langsamer und förmlicher zu sprechen, in ganzen Sätzen zu antworten, und stehe dabei beinahe stramm. Ich habe Angst, einen Fehler zu machen, das Falsche zu sagen, jemanden zu kränken. Ich verstehe nicht, warum das so schwierig ist, und es ist niemand da, mit dem ich mich darüber in meiner eigenen Sprache, in meinem gewohnten Tonfall unterhalten kann.

Ich gehe mit mir scharf ins Gericht: Du wolltest doch der Erfahrung wegen hierherkommen. Also, hier ist sie, die Erfahrung. Das ist der Kulturschock, das wird vergehen. Der Leitfaden enthält eine ganze Seite darüber, sogar mit einem Diagramm. Und überhaupt, du brauchst ja nur ein einziges Jahr zu bleiben, du kannst Weihnachten heimfahren und brauchst nicht wiederzukommen. Du kannst auch jetzt jederzeit zurück, wenn es nicht besser wird, wenn es dir stinkt.

Mir stinkt es.

Doch ich habe nicht den Mut, um meine Rückreise zu bitten. Ich wünsche mir eine göttliche Intervention herbei, will von Schmach und Verantwortung freigesprochen werden. Ich wünschte, es träfe eine dringende Nachricht von zu Hause ein, eine ernste, aber nicht allzu schreckliche Krankheit, die im General Hospital von Toronto mit Tabletten und Bettruhe leicht auszukurieren ist.

Ich sitze am Tisch, bis es dunkel ist, und spiele an meinem Kurzwellenradio herum, das einen Direktzugriff auf Radio Peking zu haben scheint. Alles andere ist Lärm: verklingende Orchester, elektronische Piepser, Geknackse, glucksende Laute. Ich schalte es aus. Draußen fangen die Hunde an zu bellen. Faß, faß, sage ich laut und beiße in einen Keks hinein, einen Orangencremekeks, schon wieder ein Keks. Es gelüstet mich nach Cappuccino, nach gebackenen Kartoffeln und Himbeer-Käsekuchen.

Ich wünschte, ich würde einschlafen und in Kanada erwachen. Meine Beine sind mit Flohbissen übersät, und die Zinkpaste ist völlig wirkungslos, und ich kratze und kratze, bis es blutet. Ich kann es nicht fassen, daß ich mich freiwillig hierauf eingelassen habe. Ich habe das Gefühl, gleich loszuheulen. Da fällt mir die Dose ein. Die Dose, die Dose, wie konnte ich die viereckige Dose mit dem runden Deckel vergessen, die rattensichere Dose, das Schatzkästchen, das Weihnachtspaket, den Speicher aller guten Dinge. Ich hebe den Deckel ab, greife hinein und ziehe eine Cellophantüte mit getrockneten Bohnen heraus. Linsen. Getrocknete Erbsenhälften. Ein Päckchen Origamipapier. Es ist Sashas Dose. Ich habe Sashas halbe Erbsen und ihr Origamipapier, und sie hat meine Schokolade. Das Leben ist Leiden! Jetzt werde ich *wirklich* losheulen. Ich setze mich auf den Boden und heule und heule, und als ich fertig bin, habe ich folgenden Entschluß gefaßt: Morgen fahre ich nach Hause. Ich habe einen Fehler gemacht, einen furchtbaren, schrecklichen Fehler, aber ich kann ihn beheben. Ich werde eine telegrafische Nachricht nach Thimphu schicken. Ich werde sagen, ich sei krank. Ich werde lügen, werde flennen und flehen. Ich werde mich auf den Boden schmeißen und brüllen. Sie können mich nicht zum Bleiben zwingen! Nein, das können sie nicht!

Aber am nächsten Tag hat sich der Nebel verzogen, und der Himmel ist blank gefegt, klar und strahlend blau. Ich kann von den Bergen ringsum jede Wölbung und sämtliche Umrisse erkennen, Linien und Kanten zeichnen sich hart und leuchtend im grellen Morgenlicht ab. In der Schule wartet ein

Brief auf mich. Er kommt aus Tsebar, einem Dorf quer durch das Tal und den nächsten Berg hinauf, von Jane, einer britischen Lehrerin. Ich habe gehört, daß du da bist, schreibt sie. Wie wär's, wenn du mich am Wochenende besuchen kommst? Ich würde ja selbst rüberkommen, habe mir aber beim Kleiderwaschen im Bach den Knöchel verstaucht. Sie hat eine Skizze gemalt. Es ist nur ein drei- bis vierstündiger Fußmarsch. Nur!

Ich beschließe hinzugehen. Ehe der Erdrutsch nicht beseitigt ist, kann ich ohnehin nicht heimfahren. Ich werde diese Jane auf der anderen Talseite besuchen, und wenn ich zurückkomme, gehe ich nach Hause. Ich werde an diesem Haus, an den Feldern und der Schule vorbeigehen, an dem Tor, den windschiefen Läden und dem kleinen weißen Tempel, ich werde immer weitergehen, direkt bis nach Hause. Zu Hause werde ich in die Bibliothek gehen und mir noch einmal »Die Geschichte der Literaturkritik« zu Gemüte führen. Ich werde mir Notizen machen, eine Leseliste, einen Studienplan. Diesen Fehler werde ich kein zweites Mal begehen.

Ich nehme meinen Schlafsack, meine High-Tech-Taschenlampe, eine Flasche Mineralwasser, eine kleine Notapotheke und die Broschüre »Wenn kein Doktor in der Nähe ist« mit. Ich marschiere den Talweg hinunter, stolpere in der heißen Nachmittagssonne über Felsen und knorrige Baumwurzeln. Manchmal ist der Pfad so steil, daß ich mich an überhängenden Ästen und den Pfad säumenden

Sträuchern festklammern muß, um nicht abzurutschen. Schließlich wird der Pfad wieder eben, und vor mir tauchen drei Läden auf. Ein Stück weiter unten kann ich das Gipsbergwerk sehen. Die von der indischen Regierung, Bhutans größtem Hilfspartner, finanzierte Mine reißt eine gewaltige, häßliche weiße Narbe in das üppige Grün ringsum. Am Straßenrand steht ein riesiger, mit Gipsbrocken beladener orangefarbener Laster, vorne und an den Seiten mit grellbunten Augen und Elefanten bemalt und die Windschutzscheibe mit Girlanden und Plastikblumen verziert.

Ich gehe weiter in Richtung Fluß, der sich in zahlreichen Windungen durch die Talsohle schlängelt. Sechsmal muß ich ihn überqueren, über glitschige, auf große flache Felsen gelegte Baumstämme hinweg. Hier unten brennt die Sonne noch heißer, und als ich die Stelle erreiche, wo der Pfad in den Wald führt und wieder anzusteigen beginnt, bin ich schweißgebadet. Zu schade, daß ich nicht hierbleiben will, denke ich: Wenn ich dies hier zwei Jahre lang machte, wäre ich hinterher garantiert in Form.

Keuchend bleibe ich an einem Wasserlauf stehen. Wie weit geht das denn noch hinauf? Müßte ich nicht längst da sein? Ist dies der richtige Weg? Warum ist mein Rucksack so schwer?

Du hättest »Wenn kein Doktor in der Nähe ist« nicht mitnehmen sollen.

Was, wenn mir hier draußen was zustößt? Dann werde ich die Broschüre brauchen.

Das einzige, was dir zustoßen wird, ist, daß du unter ihrem Gewicht zusammenbrechen wirst.

Man kann nicht vorsichtig genug sein.

Doch. Man kann so vorsichtig sein, daß man irgendwann verrückt wird.

Vorsichtig sein ist nicht verrückt. Ein Lied über Bandwurmzysten im Kleinhirn zu singen, das ist verrückt. Eine Medizinbroschüre in den Dschungel mitzuschleppen ist nicht verrückt. Hierherzukommen, das war verrückt. Sieh dir dieses schmale Weglein an. Dieser Weg ist verrückt. Was ist, wenn ich mich verirre?

Du wirst dich nicht verirren, du hast eine Karte.

Nein, habe ich nicht. Ich habe sie neben Sashas Kidneybohnen auf dem Tisch liegenlassen.

Du brauchst keine Karte. Dies ist der Weg, du brauchst ihm nur zu folgen. Geh weiter.

Ich gehe weiter. Die Sonne ist verschwunden, und von Tsebar keine Spur. Von gar nichts ist eine Spur zu sehen. Ich bin schon total erschossen, und meine Wasserflasche ist leer. Ich übe im Geist Sharchhop. Wohin gehst du? Ich gehe nach Tsebar. Bist du eine Nonne? Nein, ich bin Lehrerin. Vage Gedanken an wilde Tiere verfestigen sich, nehmen die Gestalt von Bären an. In Bhutan gibt es Bären, das habe ich in einem der Bücher in der Bibliothek gelesen. Der Himalaja-Schwarzbär: wilder schwarzer Bär mit charakteristischer weißer, V-förmiger Zeichnung am Hals.

Bist du eine Lehrerin? Nein, ich bin ein Feigling.

Der Weg wird noch steiler, und meine Beine schmerzen und glühen und zittern. Ich bleibe keuchend stehen und reibe mir die brennenden Augen. An einem mächtigen Mangobaum gabelt sich der Pfad, ein Abzweig führt weiter steil nach oben, der andere wird eben und führt in einen dichten Wald hinein. Er wird eben, weil er zu einem Dorf führt, kombiniere ich und folge ihm. Eine Dreiviertelstunde später plumpst er in einen Tümpel mit stehendem Wasser hinein, kommt aber am anderen Ende nicht wieder heraus. Ich lasse mich auf eine oberirdische Baumwurzel sinken, starre in die Schatten und versuche zu entscheiden, welches die vernünftigste Alternative ist. Alles scheint vernünftig zu sein. Ich sollte zu dem Mangobaum zurückgehen. Ich sollte nach Pemagatsel zurückmarschieren. Ich sollte hier übernachten. Ich sollte weiterlaufen und suchen, wo der Pfad weitergeht. Ich sollte um Hilfe rufen.

Alles scheint möglich zu sein: Ich werde den Pfad finden, ich werde ein Dorf finden, ich werde Tsebar finden, irgend jemand wird mich finden, niemand wird mich finden, ich werde mich im Gebüsch verirren und Hungers sterben. Mein Bauch fühlt sich an wie eine riesige, hohle, dröhnende Trommel, und mein Kopf ist leer. Ich habe das Ende von irgend etwas erreicht, weiß aber nicht, von was.

Hinter mir knacken Zweige, und auf einmal ist da eine Kuh. Eine rötlichbraune Masse mit einer Glocke. Noch eine Kuh, schwarz, mit einem gebogenen Horn. Ein Kalb. Ein Junge mit einem Stock. Er scheint überrascht, mich zu sehen. Ein Mann, unter einer Ladung Holz gebeugt, und eine Frau mit einem Korb kommen hinter ihm den Weg herauf. Die Kühe trinken aus dem grünen Tümpel, und der Mann und die Frau starren mich an.

»Wohin tust du gehen, Miss?« fragt mich der Junge. »Nach Tsebar.«

Der Junge sieht mich verwirrt an. »Aber Miss, hier geht es nicht nach Tsebar.«

»Wo geht es denn nach Tsebar?«

Er deutet zurück und nach oben.

»Vielen Dank«, sage ich. »Ich bin eine Lehrerin aus Pemagatsel. Auf der anderen Seite des Tals. Kennst du Pemagatsel?«

»Miss«, sagt er nachsichtig. »Ich bin in deiner Klasse.«

Karma Dorji ist mit seiner Tante und seinem Onkel ebenfalls nach Tsebar unterwegs. Ich folge ihnen zurück bis zur Weggabelung, und wir lassen uns unter dem Mangobaum nieder. Es ist mittlerweile fast dunkel, doch ich verspüre eine seltsame Leichtigkeit. Ich war am Ende von irgend etwas angelangt und habe es überschritten. Ich weiß nicht, was es war. »Tsebar ist nicht weit«, sagt Karma Dorji. »Wir tun immer hier Pause machen.« Er gießt mir aus einem trüben Plastikkanister klares Wasser in meine leere Flasche. Seine Tante und sein Onkel wickeln drei bunte runde Körbe aus. Einen davon reichen sie mir, und Karma Dorji hilft mir, ihn aufzuschnüren. Große Fleischstücke, rote Chilischoten und Zwiebeln auf einem Berg Reis kommen darin zum Vorschein.

Karma Dorji und sein Onkel wollen sich einen Korb teilen. Sie warten darauf, daß ich anfange. Seine Tante sagt etwas.

»Sie tut sagen, unser Essen ist nicht so sehr gut, aber bitte nichts draus machen«, übersetzt Karma Dorji. »Sie tut sagen, bitte essen.«

»Vielen Dank«, sage ich und beiße in das Fleisch. Es ist köstlich.

Als Tsebar vor uns auftaucht, senkt sich eine lautlose, unermeßliche Dunkelheit über das Dorf, und meine Taschenlampe durchschneidet die Schwärze mit einem breiten hellen Strahl. Karma Dorji weist auf die Silhouette von Janes Haus, nur wenige Meter von uns entfernt. Durch die Schiebeläden vor den Fenstern schimmert warmes, gelbes Licht. Ehe ich angeklopft habe, öffnet Jane die Tür. »Du hast es geschafft«, sagt sie lächelnd. Ich drehe mich um, um mich noch einmal bei Karma Dorjis Tante und Onkel zu bedanken, doch sie winken nur ab und verschwinden.

»Ich habe nicht damit gerechnet, daß du kommst«, sagte Jane. Sie trägt eine dunkelblaue Kira, die weich zum Boden herabfällt, und ihr glattes blondes Haar ist streng zurückgebunden. Alles an ihr strahlt Eleganz und Gelassenheit aus. Wie ist es möglich, frage ich mich, seine Kleider in einem

Bach zu waschen und trotzdem so gepflegt auszusehen?

»Ich habe mich verlaufen«, sage ich japsend, während ich mich aus den Riemen meines Rucksacks herauszwänge. Ich wage es nicht, mich hinzusetzen. Meine Knie lassen sich bestimmt nie mehr biegen, und wenn doch, dann werden sie sich mit Sicherheit nicht mehr strecken lassen. Ich bleibe an der Tür stehen und sehe mich um. An einem Ende des Zimmers ist der Küchenbereich; der niedrige Holzofen ist aus Lehm und hat oben zwei Löcher für die Töpfe und unten eine Öffnung für das Holz. Töpfe und Teller sind fein säuberlich auf Regalen über einer Vitrine mit Fliegengittertüren gestapelt; am anderen Raumende ist ein Sitzbereich mit Bänken und einem niedrigen Holztisch. Der Boden ist mit einer Strohmatte ausgelegt, und die rauhen Lehm- und Steinwände sehen frisch geweißelt aus. Überall stehen Kerzen und Marmeladengläser mit Blumen, und auf den Holzbänken liegen mit blauem Stoff überzogene Kissen. In einer schummrigen Ecke hockt ein mageres Huhn. Ich zwinkere ein paarmal mit den Augen, doch es verschwindet nicht. Soll das ein Haustier sein? Oder ein Mittagessen?

Durch die Tür zu dem anderen Zimmer kann ich ein hölzernes Bettgestell mit einer dicken Steppdecke sehen, ein Nachttischchen mit einem Stapel Bücher, eine Kerosinlampe und ein Fenster mit geschlossenen Läden.

»Das ist aber eine hübsche Wohnung«, sage ich. Jane lacht, aber ich meine es ernst. Ich komme mir vor wie in einem richtigen Zuhause, nur das Huhn paßt nicht so ganz hinein. Ich nehme mir vor, meine schaurige Bude in Pemagatsel genauso aufzumöbeln. Wenn ich zurückkomme, werde ich mir blaue Sitzkissen zulegen und Marmeladengläser mit Blumen aufstellen. Doch da fällt mir ein, daß ich ja gar nicht nach Pemagatsel zurückgehen will. Ich will doch nach Hause gehen.

»Wie geht's deinem Fuß?« frage ich. Mir fällt auf, daß sie leicht hinkt.

»So lala«, entgegnet Jane. »Nächste Woche soll ich eigentlich an unserem Gesundheitskurs in Pemagatsel teilnehmen – bis dahin muß es wieder besser sein.«

»*Unser* Gesundheitskurs?«

»Er wird von den norwegischen Ärzten am Krankenhaus von Pemagatsel abgehalten. Für alle die Lehrer, die für die Morgensprechstunde eingeteilt worden sind. Hat man dich etwa noch nicht dafür eingeteilt?«

Ich schüttle den Kopf.

»Kommt noch«, versichert sie mir, während sie Blechteller und Löffel aus dem Regal nimmt. Ich will gerade sagen, daß ich bereits gegessen habe, merke aber, daß ich schon wieder hungrig bin. »Mein Vermieter und seine Frau kommen zum Abendessen. Besser gesagt, sie kommen *mit dem* Abendessen. Pema ist eine wunderbare Köchin«, sagt Jane. »Aber jetzt erzähl erst mal, wie's dir in Pemagatsel so ergeht. Wie findet du es?«

Abscheulich, möchte ich sagen. Pemagatsel ist ein furchtbares Kaff, meine Schüler verstehen keine Silbe von dem, was ich sage, ich bin von einem Köter angefallen worden, meine Wohnung ist ein übles Loch, und außerdem kehre ich gleich nach diesem Besuch wieder nach Hause zurück. Doch da geht die Tür auf, und ein Mann und eine Frau kommen herein. Jane stellt sie mir vor: Jangchuk, ihr Vermieter, ein hagerer, drahtiger Mann in einem dunkelroten Kho, und seine Frau Pema, pummelig und mit roten Pausbäckchen. Nachdem wir uns wie verrückt angegrinst haben, schickt Pema sich an, ihre Tasche auszupacken, und zieht etliche Flaschen und Töpfe hervor.

»Bangchang und Arra vor dem Essen«, sagt Jane. »Bist du trinkfest?«

»Ich habe noch keine Bekanntschaft mit Arra gemacht. Und was ist Bangchang?«

»Eine Art Gerstenbier. Köstlich, sage ich dir.«

Wir setzen uns im Halbkreis um den Lehmofen. Jangchuk hat ein Holzschälchen aus seinem Kho gezaubert und wischt es mit einem Lappen aus. Jane und Pema haben ihre eigenen Holzschälchen; ich bekomme einen riesigen Blechbecher. Pema rührt und quirlt und hantiert mit einer Schöpfkelle herum und gießt schließlich unsere Gefäße voll. Vorsichtig nippe ich daran und bin angenehm überrascht. Das Bangchang ist warm und mild, süß und salzig. »Schmeckt gut«, sage ich. »Was heißt köstlich auf sharchhop?«

»Zhim-poo la«, sagt Jane.

»Zhim-poo la«, wiederhole ich, worauf Jangchuk und Pema lachen. Pema schöpft mir noch mehr Bangchang in meinen Becher.

»Zhé, zhé«, sagt sie.

»Sie sagt, du sollst austrinken«, erklärt Jane. Ich nehme einen etwas größeren Schluck. Wenn Jane es trinkt, denke ich, muß es ungefährlich sein, und außerdem schmeckt es wirklich gut. Pema schenkt uns wieder nach und ermuntert mich zu trinken. Mir wird langsam warm, und außerdem werde ich schläfrig. Als die Schöpfkelle wieder in meine Richtung schwenkt, lege ich meine Hand auf meinen Becher und versuche dabei auf alberne Weise eine Betrunkene zu mimen. Pema nickt und steckt den Schöpflöffel in den Topf zurück, doch kaum habe ich meine Hand weggezogen, kommt ihr Arm mit der Kelle herübergeschossen, und mein Becher ist wieder voll. »Ein alter Trick der Sharchhops«, sagt Jane lachend. Als der Topf leer ist, atme ich erleichtert auf, doch da meint Jane: »Und jetzt kommt der Arra.«

Pema schenkt mir etwas ein, das wie Wasser aussieht. Ich nehme einen winzigen Schluck von dem scharfen, bitteren Gebräu und schüttle mich.

»Zhim-poo la?« fragt sie.

Ich nicke ergeben.

»An den Geschmack muß man sich erst gewöhnen«, sagt Jane und trinkt ihre Schale aus. »Es erinnert mich an Sake.«

Mich erinnert das Zeug an Feuerzeugflüssigkeit, doch nach dem vierten oder fünften Schlückchen schmeckt es gar nicht mehr so übel, und nach dem zweiten Becher bin ich überzeugt, daß es mir zu einem besseren Verständnis von Sharchhop verhilft. Das Essen besteht aus Bergen von Reis und großen, mit Chilischoten gekochten Kartoffelstükken. Zum Abschluß gibt es eine letzte Schale Arra, den sogenannten Zim-chang, den Gutenachttrunk. »Wenn du bei Pema übernachten würdest, würdest du einen Zheng-chang bekommen«, informiert mich Jane. »Aufwach-Arra, der bei Tagesanbruch serviert wird.« Als Pema mich nötigt, noch mehr zu essen und zu trinken, lasse ich mich zum Zeichen des Protests auf den Boden plumpsen. »Das ist bhutanische Gastfreundschaft«, sagt Jane. »Erst füllen sie dich ab, bis du dich nicht mehr rühren kannst, und dann sagen sie: Tut uns leid, aber wir haben gar nichts da, was wir dir anbieten könnten.«

Ich erkläre mich freiwillig bereit, den Abwasch zu übernehmen, aber Jane hat kein fließendes Wasser im Haus. Wir werden das morgen im Freien machen, meint sie. Als ich, von üblen Gerüchen umwabert, im Dunkeln auf der Latrine hocke, geht mir auf, welch ein Luxus die sanitären Anlagen in meiner Wohnung sind, wenn auch das fließende Wasser nicht sehr häufig fließt. Als ich zurückkomme, verabschieden sich Pema, Jangchuk und ich etliche Male voneinander, und dann sind sie fort. Jane legt mehrere Kissen auf den Fußboden vor dem Fenster, und ich rolle meinen Schlafsack darüber aus und schlüpfe mitsamt meinen Kleidern hinein. Füße und Schultern tun mir weh, mein Gesicht fühlt sich rauh und sandig an, und mein Hirn scheint in meinem Schädel herumzuschwappen. Jane stellt eine Kerze auf den niedrigen Tisch. »Zwei Dinge muß ich dir noch sagen, bevor du einschläfst.«

Ich schlafe bereits. Ich will keine zwei Dinge hören.

»Wenn du in der Nacht irgendwas von den Regalen herunterpurzeln hörst, dann sind das nur die Ratten. Und könntest du morgen früh bitte hinter dich greifen und den Fensterladen aufschieben, damit das Huhn raus kann?«

»Das Huhn?« Das Huhn hatte ich schon ganz vergessen. Ich rappele mich mühsam hoch. Da hockt es ja, in einer Ecke beim Herd, und schlummert. »Kriegst du jeden Morgen frische Eier?« frage ich Jane.

»Na ja, dafür hatte ich's mir eigentlich angeschafft, aber komischerweise legt es keine Eier«, entgegnet sie. »Gute Nacht.«

Ich puste die Kerze aus und krieche tiefer in meinen Schlafsack hinein. Denk nicht an die Ratten, sage ich zu mir. Tu's nicht. Tu's nicht. Ich liege da und hoffe, der Schlaf kommt vor den Ratten, aber er tut's nicht. Und es sind nicht nur einfach Ratten, es ist die reinste Ratten-Olympiade. Ich höre, wie sie über den Fußboden sprinten, sich von Regal zu Regal schwingen und Saltos über Töpfe und Teller machen. Am Spielfeldrand sitzen Zuschauerratten und feuern sie an. Irgend etwas fällt krachend zu Boden, und die Zuschauermenge gerät außer Rand und Band. Japsend setze ich mich auf.

»Sie schmeißen jede Nacht die gleiche Dose runter«, ruft Jane vom anderen Zimmer herüber.

Ich suche meine Taschenlampe und richte den Lichtstrahl auf die Küche. Einen Moment lang tritt Ruhe ein, doch dann geht der Krawall von vorne los. Ich grabe mich noch tiefer in meinen Schlafsack ein und konzentriere mich auf das leise Gebimmel der Glocke eines Pferdes, das ich draußen höre. Irgendwann schlafe ich ein und träume, ich machte einen Fußmarsch. Die ganze Nacht hindurch marschiere ich Berghänge hinauf und hinunter, über Bäche hinweg, durch Wälder hindurch. Ich habe irgendwie den Eindruck, daß ich aus Bhutan herauszulaufen versuche, aber Bhutan hört und hört nicht auf. Als ich abgekämpft erwache, ist das Zimmer in ein kühles kaltes Licht getaucht, und ich höre Gegacker. Das Huhn kommt direkt auf mich zugetrippelt. Ich fummele an dem Schiebeladen über meinem Kopf herum, aber das Huhn ist an dem Fenster nicht interessiert. Es ist an meiner Taschenlampe interessiert, auf der es herumhopst und herumgakkert, bis die Taschenlampe zu Boden fällt. Ich vernehme ein verdächtiges leises Klicken! Ich angle die

Lampe heran und knipse sie an. Ich hole die Batterien heraus und lege sie wieder ein. Nichts. Mit einem befriedigten Schrei stürzt sich das Huhn aus dem Fenster. Ich lege mich wieder hin und setze im Geist einen Brief an den Hersteller auf: Sehr geehrte Damen und Herren, Ihre Fünfzig-Dollar-High-Tech-Taschenlampe mit fünfjähriger Lebensgarantie ist von einem Huhn, das keine Eier legt, kaputtgemacht worden.

Wir sitzen draußen auf der Treppe und essen Haferschleim mit Milchpulver zum Frühstück. Die Sonne brennt mächtig auf uns herab, und die ganze grüne Landschaft funkelt. Jane erzählt, wie schwer es für sie am Anfang gewesen sei. Sie hätte keine Vorstellung davon gehabt, *wie* schwer es sein würde. Aber dann bekam sie Kontakt zu den Menschen, freundete sich mit Jangchuk und Pema an und lernte ein paar Brocken Sharchhop. Und sie fing an zu unterrichten, und das machte alles andere wett. Die Kinder machten die Sache lohnenswert, sagt sie. Sie seien aufgeweckt, natürlich und aufgeschlossen. Sie sei in die Kinder richtig vernarrt.

Ich sage, ich hätte vielleicht einen Fehler gemacht, vielleicht sei Bhutan nichts für mich.

Jane nickt. »Das habe ich anfangs auch gedacht. Aber du weißt ja, was sie über diese Überseeposten sagen: Man kann überall leben. Anfangs denkt man, man könne es nicht, aber dann stellt man fest, daß man es kann.«

Nach dem Frühstück schnappt sich jede von uns einen Plastikeimer zum Wasserholen. Eine Kinderschar läuft uns hinterher und ruft lauthals »Guten Morgen, Miss!«

»Guten Morgen, Kezang, guten Morgen, Nidup, guten Morgen, Karma«, ruft Jane zurück. Ein schwarzes Standrohr im Dorfzentrum stellt die Wasserstelle des Dorfes dar. Mehrere Leute mit einem Sammelsurium von Eimern, Bambusbehältern, Kanistern und Blechtöpfen haben sich dort eingefunden. Jane kennt jeden einzelnen von ihnen. »Pemagatsel lopen«, erklärt sie ihnen und deutet dabei auf mich. Lopen heißt Lehrer. Wir lassen die Eimer vollaufen und schleppen sie zurück. Der größte Teil aus meinem schwappt auf meine Knöchel und meine Schuhe. Auf ihrer Vordertreppe wäscht Jane Teller und Töpfe ab, schrubbt sie zunächst mit einem sandigen Pulver ab, stapelt sie dann zu grauen, seifigen Stößen auf und spült jedes Geschirrstück vorsichtig ab, so daß kein Wasser vergeudet wird. Als der Kessel auf dem Kerosinofen dampft, gieße ich das Wasser in eine chinesische Thermoskanne. Es gibt in Tsebar keinen Laden: Kerosin und alle anderen abgepackten Waren müssen von Pemagatsel quer durch das Tal hierhertransportiert werden. Abends kocht Jane auf dem Lehmofen, während sie den Kerosinkocher nur morgens zur Frühstückszubereitung und zum Wasserkochen benutzt. Ihr Kocher hat Dochte und ist leichter anzuzünden als meiner vom Typ »Pump und Explodier«. »Oje, eins von diesen Dingern«, sagt Jane. »Die sind mir nicht geheuer. Wie kommst du damit bloß zurecht?« Mir gefällt der Klang dieses Wortes: zurechtkommen. Wie geht's ihr denn so? Na ja, schwierig ist's schon, aber sie kommt zurecht. Ich verrate Jane nicht, daß ich zurechtkomme, indem ich das Kochen ganz bleibenlasse.

Jetzt holt sie die Eimer wieder her: Sie will zum Bach gehen, um ihre Kleider zu waschen, und ich gehe mit. Wir durchqueren das Dorf: ein paar lokker um einen Tempel gruppierte Stein- und Lehmhäuser. Mit seiner asphaltierten Straße und den Läden kommt mir Pemagatsel dagegen auf einmal wie eine Großstadt vor. Ich erkundige mich, wo der Pfad hinter Tsebar hinführt, und erfahre, daß Indien nur ein paar Bergkämme entfernt sei. Ich bleibe stehen, drehe mich um meine eigene Achse und nehme dabei den Ausblick in mich auf. Dreihundertsechzig Grad ineinander verschachtelte Berge, Höhenzüge, die in unsichtbare Täler abfallen und sich wieder emporschwingen, wieder und wieder dieselbe Landschaft, rundum. Es fällt schwer, sich von hier aus das indische Tiefland vorzustellen. Es fällt schwer, sich hinter diesen Bergen überhaupt etwas vorzustellen, und zu meiner Verwunderung habe ich das Gefühl, schon immer hier gewesen zu sein, dieses andere Leben in Kanada nur im Traum erlebt zu haben.

Wir biegen von dem Hauptpfad ab und humpeln hangwärts zum Bach hinunter, wo Jane ihre Kleider in das seichte Wasser taucht und ich mich auf einen Felsen in den Schatten setze. Sie erzählt mir von Jangchuk und Pema, wie die beiden sich anfangs um sie gekümmert und ihr Abend für Abend Essen gebracht haben, bis sie allein zurechtkam. Jangchuk sei ein Gomchen, sagt Jane, ein Laienmönch, und der Wärter des Tempels. Gomchen gehören in der Regel der Nyingmapa-Sekte des tibetischen Buddhismus an, nicht zu verwechseln mit der Drukpa-Kagyupa-Sekte, der offiziellen Religion Bhutans. Sie dürfen heiraten; sie tragen andere Roben als die vollordinierten Mönche, das heißt ihre Khos reichen bis zur Wade statt nur bis zum Knie, und viele von ihnen haben lange Haare. Die Menschen suchen sie zu verschiedenen religiösen Zeremonien auf, für Segnungen oder Horoskope, bei Geburten, Sterbe- und Krankheitsfällen.

»Gehen die Leute denn nicht ins Krankenhaus von Pemagatsel?« frage ich.

»Mmmm, meistens wenden sie sich zuerst an einen Lama, weil sie glauben, daß Krankheiten eine seelische Ursache haben. Wenn der Lama nichts tun kann, kann es sein, daß sie das Krankenhaus aufsuchen, doch dann ist es meist zu spät, und wenn die erkrankte Person im Krankenhaus stirbt, macht man dafür die ausländische Medizin verantwortlich.«

»Arbeitet man in der traditionellen bhutanischen Medizin mit Heilkräutern?«

»Zum Teil«, sagt Jane. »Aber in erster Linie

versucht man hier die Kranken durch spezielle Gebete und Pujas, rituelle Andachten, zu heilen. Es werden auch noch einige andere Dinge praktiziert, zum Beispiel der Aderlaß. An einer bestimmten Körperstelle wird ein winziger Schnitt gemacht. Das Schlimmste, was ich je gesehen habe, war das Abbrennen. Das heißt, ich hab's nicht direkt gesehen, sondern nur Pemas Narben. Die Haut wird mit einem erhitzten Metallstab abgebrannt.« Um es mir zu demonstrieren, zeichnet sie mit Daumen und Zeigefinger breite Rechtecke auf ihren Arm.

Dann erzählt sie von einer weiteren Behandlung, die Pema wegen ihrer chronischen Magenschmerzen über sich ergehen ließ: Nachdem Jangchuck ein paar Gebete gesprochen habe, habe er ein Kuhhorn mit einem Loch in der Spitze genommen und das untere Ende an Pemas Magen gehalten. Er habe an der Spitze gesaugt und das Horn dann abgehoben: An Pemas Magen war ein schwarzes Klümpchen zu sehen, das Jangchuk hastig wegwarf. Nein, er habe keinen Schnitt gemacht, sagt Jane, sie habe genau hingesehen, und es war auch nirgendwo Blut. »Was, glaubst du, ist es gewesen?« frage ich. Jane zuckt die Achseln. »Keine Ahnung. Jangchuk sagte, das sei das Ding gewesen, das sie krank gemacht habe, und kurz darauf ging es ihr tatsächlich besser.«

Ich gebe keinen Kommentar dazu ab. Ich muß an Zaubertechniken denken, an Taschenspielertricks, ein Horn mit blindem Boden. »Meinst du, das könnte ein Trick gewesen sein?« frage ich Jane.

Sie sagt, daran habe sie auch schon gedacht, aber warum sollte er seiner eigenen Ehefrau etwas vormachen?

»Vielleicht aus psychologischen Gründen«, sage ich. »Als eine Art Placebo.«

Doch Jane schüttelt den Kopf. »Nein«, sagt sie. »Jangchuk glaubt an seine Medizin: Am Anfang, wenn mir die Leute erzählten, daß der und der krank sei, weil er einen Geist oder eine schwarze Schlange gesehen oder seinem Schutzgott kein Opfer dargebracht habe, schüttelte ich nur den Kopf. Inzwischen bin ich mir jedoch nicht mehr so sicher.«

»Aber glaubst du wirklich, daß man krank werden kann, weil man einen Geist gesehen hat?« frage ich.

»Mehr kann ich dazu nicht sagen. Es geschehen hier so viele Dinge, die man einfach nicht erklären kann, und meine Sprachkenntnisse sind nicht gut genug, um sämtliche Zusammenhänge zu verstehen. Ich erkundige mich bei den älteren Schülern, aber vermutlich bleibt beim Übersetzen viel auf der Strecke. Sie sagen ›Geist‹ oder ›Schwarze Magie‹, aber wer weiß schon, was genau darunter zu verstehen ist? Was wir sehen, ist nur die Spitze des ganzen Glaubenssystems. Der Glaube läßt Dinge real werden.«

»Aber nur im Geist«, sage ich. »Nicht körperlich real, oder?«

»Was macht das bei Geistern und Schwarzer Magie für einen Unterschied?«

Ich sehe ihr zu, wie sie ihre Kleider einseift, an den Felsen schlägt, sie dann auswringt und in den Eimer zurückwirft. Von den anderen Frauengruppen, die flußaufwärts ihre Kleider waschen, kommt Gelächter zu uns herüber. Wir klettern wieder zum Hauptpfad hinauf. Jane geht heim, um ihre Wäsche aufzuhängen, und ich gehe zum Tempel, weil Jane mir gesagt hat, daß dort eine Puja stattfinden soll, eine regelmäßig zu Ehren von Guru Rinpoche durchgeführte religiöse Zeremonie.

Der Tempel ist von einer Steinmauer umgeben. In dem mit Steinplatten gepflasterten Hof hängen die Gebetsfahnen schlaff in der lauen Luft. Die weißgetünchten Wände des Hauptgebäudes laufen leicht schräg auf das flach geneigte Dach zu. Dicht unter dem Dach verläuft ein breites rotbraunes Band um den Tempel herum, das Kennzeichen für einen Sakralbau. Drinnen, unter dem Fenster, durch das das Licht einfällt, sitzen Männer mit rötlichbraunen Schärpen über ihren Khos in einer Reihe, vor sich ihre Musikinstrumente: Bronze- und Silberhörner, einige davon sehr lang, eine Handtrommel, die an einem geschnitzten Holzgriff gehalten wird, Zimbeln, eine Glocke. Gebetbücher aus langen, schmalen Streifen ungebundenen Papiers zwischen dünnen Holzdeckeln liegen aufgeschlagen vor ihnen. Nachdem ich pflichtgemäß meine Schuhe ausgezogen habe, bleibe ich zögernd in der Tür stehen, bis Jangchuk mich erblickt und hereinwinkt. Ich sitze mit überkreuzten Beinen auf dem polierten Holzboden und betrachte ich die Malereien an den Wänden, die Schnitzereien an den Säulen und den kunstvoll verzierten Altar, der mit Butterlampen, Wasserschälchen, Opfergaben wie Reis, Früchten, Blumen, Weihrauch und Keksschachteln beladen ist. Die Wandgemälde zeigen Dutzende von Buddhas und andere, mir unbekannte Gestalten; die Farben sind verblaßt und die Wände rauchgeschwärzt, aber die Gesichter der Buddhas lächeln gütig und gelassen herab. Hinter dem Altar befindet sich ein riesiger goldener Buddha mit schwarzen Augen, dunkelblauen Haaren und demselben gütigen Lächeln.

Die Gebete beginnen leise und rhythmisch, werden teils gesprochen, teils gesungen. Ich schließe die Augen und versuche, an nichts zu denken, doch es gelingt mir nicht, eine geistige Leere herzustellen oder auch nur innerlich ruhig zu werden. Die Gedanken kreisen weiter, ziehen mich fort. Als auf einmal die Hörner ertönen, mache ich vor Schreck fast einen Satz. Es ist ein langgezogener, klarer, klagend-vibrierender Ton, eine Mischung aus Musik und einem Schrei. Die längeren Hörner bringen dunkle Töne hervor. Eine Trommel beginnt zu schlagen. Ich kann die Musik an meinem Steißbein, in meinem Bauch, in meiner Kehle spüren. Die Gebete beginnen von neuem, und die Glocke durchdringt die monotonen Stimmen mit hellen silbernen Tönen. Dann tritt eine kurze Stille ein, und es folgt ein in einer Molltonart gesungenes Gebet. Ich versuche, mir die Melodie einzuprägen, doch sie wird von den schrillen Hörnern und erneuten Trommelschlägen abgelöst. Ich kann nicht mehr denken, weil mein Kopf voll von den Klängen ist. Sie sind schön, sie sind nicht schön, sie sind disharmonisch, grell und unheimlich, ja, aber auch irgendwie beruhigend. Es ist eine Musik für große, nicht überdachte Räume, es ist –, was ist es? Es ist überzeugend, denke ich zuletzt. Ein treffenderes Wort kann ich nicht finden. Ich schließe die Augen, und jetzt fällt es mir leicht, an nichts zu denken.

Als ich die Augen wieder öffne, weiß ich nicht, wo ich gewesen bin. Jangchuk und die anderen stehen auf, um nacheinander in den Hof hinauszugehen, und bedeuten mir, ihnen zu folgen. Draußen werden Teller mit Reis, Gemüsecurry, Dal und Ema datsi herumgereicht, dazu Schälchen mit Arra, und ich werde ermuntert, mehr zu essen, mehr zu trinken. Als ich mich schließlich erhebe, um zu gehen, fühle ich mich etwas benommen. Und außerdem eigenartig leicht.

In Janes Wohnung angekommen, sinke ich in einen warmen, traumlosen Schlaf. Als ich erwache, ist es draußen dunkel, und Jane ist dabei, bei Kerzenlicht einen Korb Reis zu verlesen.

Morgen werde ich nach Pemagatsel zurückgehen. Der Gedanke ist gar nicht so betrüblich, wie ich dachte. Man kann überall leben. Wir werden sehen …

Quellennachweis

DEBORAH COPAKEN KOGAN: In der Dichte des Dschungels. Aus: Das Abenteuer im Sucher. Aus dem Amerikanischen von Andrea Fischer und Antje Kaiser. © 2001 Malik in Piper Verlag GmbH, München, S. 171–197 (in Auszügen).

BETTINA SELBY: Die Heimstatt der Götter. Aus: Himalaja. Mit dem Fahrrad durch Nepal, Kaschmir und Sikkim. Aus dem Englischen von Jürg Wahl. © 1993 Piper Verlag GmbH, München. Serie Piper 3338, S. 260–279.

PAM HOUSTON: Das Blut schöner wilder Tiere. Aus: Die Wildnis im Herzen. Aus dem Amerikanischen von Ulrike Wasel und Klaus Timmermann. © 1999 Malik in Piper Verlag GmbH, München, S. 37–47.

LIEVE JORIS: Das Regenopfer. Aus: Die Sängerin von Sansibar. Reiseberichte aus einer magischen Welt. Aus dem Niederländischen von Maurus Pacher. © 2000 Malik in Piper Verlag GmbH, München. Serie Piper 2579, S. 41–54 (unter dem Titel »Ah, c'est l'Afrique«).

JAMIE ZEPPA: Der Weg nach Tsebar. Aus: Bhutan. Mein Leben in der Festung der Götter. Aus dem Englischen von Karina Of. © 1999 Kabel Verlag GmbH, München. Serie Piper 3224, S. 65–86.

Melissa Pierson

Über die Leidenschaft, ein Motorrad zu fahren

Aus dem Amerikanischen von Gabriele Herbst. 288 Seiten mit 24 Abbildungen. SP 2831

Sie strahlen Kraft und Eleganz aus, sagen die einen. Sie sind nichts als lebensgefährliche Maschinen, sagen die anderen. Melissa Pierson meint: Vom Motorrad zu lernen heißt, fürs Leben zu lernen. Motorräder sind handfeste Selbsterfahrung, sie erwecken Urgefühle von Freiheit und Furcht, Wagemut und Neugier, sie dienen der Lust und der Meditation. In ihrem sehr persönlichen Bericht beschreibt sie die Herausforderung einer Kurve genauso eindrucksvoll wie die Kunst, einen Vergaser einzustellen. Sie erzählt von den Ritualen und Gefahren, von der Geborgenheit in der Gemeinschaft.
Geht es ums Motorradfahren, teilt sich die Menschheit in zwei Lager: Die einen wollten eigentlich schon immer einmal, die anderen halten es für glatten Selbstmord. Motorradfahren läßt niemanden kalt, denn Motorräder sind nicht einfach nur Maschinen, sondern Gefährten auf dem Weg zur Selbsterfahrung, Vehikel einer Sehnsucht nach Unmittelbarkeit und eine Herausforderung, die eigenen Grenzen zu erleben. Melissa Pierson zeigt, wie Motorradfahren immer auch Aufbruch ist – aus gewohnten Welten, aus festgefahrenen Beziehungen, aus Lebenskrisen.

»Die Sinnlichkeit der Maschinen, die Identität von Sein und Schein werden hier eindrucksvoll beschrieben.«
Süddeutsche Zeitung

Hauptsache weit weg

Abenteuerliche Frauen-Leben. Herausgegeben von Susanne Aeckerle. 237 Seiten. SP 2697

Viele Frauen reizt der Gedanke, nicht nur in die Ferne zu reisen, sondern auch dort zu leben, zu arbeiten und – zu lieben. Und schon immer gab es mutige und starke Frauen, die sich auf den Weg machten: in die Wüste, nach Grönland, zu den Scheichs, in den Busch, zu den Kopfjägern. Dort blieben sie für ein paar Monate, ein paar Jahre – oder ein ganzes Leben.
Elf berühmte abenteuerliche Frauen sind in diesem Band vereint: Daisy Bates, Margaret Mead, Florinda Donner, Dian Fossey, Sophie Caratini, Maria Sibylla Merian, Anna Leonowens, Anne Spoerry, Lady Hester Stanhope, Christiane Ritter und Carmen Rohrbach.

Strapazen Nebensache

Abenteuerliche Frauen reisen. Herausgegeben von Susanne Aeckerle. 230 Seiten. SP 2211

Ob mit dem Fahrrad durch Afrika, mit dem Kamel durch die australische Wüste, zu Fuß quer durch Tibet, im einmotorigen Flugzeug über den Atlantik, als Einhandseglerin um die Welt oder im Frauenteam zur Spitze des Annapurna: Reisen, die Welt sehen, Abenteuer erleben – das hat auch Frauen schon immer gelockt. Dieses Buch vereint zehn Berichte abenteuerlicher Frauen: Mary Kingsley, Alexandra David-Néel, Robyn Davidson, Betti-na Selby, Helen Thayer, Lucy Irvine, Elly Beinhorn, Beryl Markham, Gudrun Calligaro und Arlene Blum.

SERIE PIPER

Bettina Selby

Timbuktu!

Eine Frau in Schwarzafrika allein mit dem Fahrrad unterwegs.
Aus dem Englischen von Jürg Wahlen. 285 Seiten mit 21 Farbfotos von Bettina Selby. SP 1724

Mit ihrem roten Fahrrad bricht die Autorin auf, um ein Stück Schwarzafrika – von Niamey bis Timbuktu – zu erkunden: vorbei an Lehmhütten und Reisfeldern, durch die Wüste und durch den Urwald, immer entlang dem Niger. Auf ihrem abenteuerlichen und strapaziösen Weg, den sie mit erfrischender Selbstironie schildert, erlebt sie Menschen und Landschaft in einer Unmittelbarkeit, wie sie nur die Reisegeschwindigkeit des Fahrrads erlaubt. Sie stößt auf verloren geglaubte Kulturen und liefert Momentaufnahmen einer fernen Welt, die vom Untergang bedroht ist.

Ah Agala!

Mit dem Fahrrad durch Afrika. Aus dem Englischen von Jürg Wahlen. 338 Seiten mit 19 farbigen Abbildungen und 4 Karten. SP 1257

Was für Ideen hat man in der Ägyptischen Abteilung des Britischen Museums? Natürlich – eine Radtour durch Afrika. So begann tatsächlich Bettina Selbys Tour durch die Wüste. Auf den Spuren der großen Afrikaforscher wollte die Britin am Nil entlangfahren, eine Strecke von 7000 Kilometern: durch den Sudan, an den Seen im Ostafrikanischen Graben vorbei, über das geheimnisvolle Mondgebirge bis zur Quelle des Nil mitten in Uganda. Bettina Selby erzählt von den Begegnungen mit Einheimischen, vom Kampf gegen Hitze und Regen, von Fahrten durch Wüsten und Dschungel.

SERIE PIPER

S.O.S im Nordmeer

Dramen, die die Welt bewegten. Ein GEO-Buch. Herausgegeben von Peter-Matthias Gaede. 367 Seiten mit sechs Karten. SP 2770

Eine sternklare Nacht am 15. April 1912 im Nordmeer: Die Titanic, das angeblich unsinkbare Schiff, füllt sich lautlos mit Wasser. Nichts hat als Zeichen und Mahnruf die Menschen im noch jungen 20. Jahrhundert so sehr bewegt wie der Untergang der Titanic. Viele Dramen, die die Welt bewegten, sind bis heute nicht vergessen – wie die Tragödie des Luftschiffes Hindenburg, die Odyssee von Apollo 13 im Weltraum oder das Bergsteigerdrama in der Eiger-Nordwand. Mythen, Legenden und Anekdoten ranken sich um solche Ereignisse – denn immer handeln sie auch von Grenzerfahrungen des Menschen. Namhafte Journalisten haben für die Zeitschrift GEO sachlich und kompetent sechzehn Dramen der Weltgeschichte in spannenden Reportagen nachgezeichnet.

Jon Krakauer

In die Wildnis

Allein nach Alaska. Aus dem Amerikanischen von Stephan Steeger. 302 Seiten. SP 2708

Eine kleine Pistole und ein Fünf-Kilo-Sack Reis – das war die einzige Ausstattung des jungen Chris McCandless, mit der er sich in die Wildnis Alaskas begab. Seine gesamten Ersparnisse hatte er gespendet und das restliche Bargeld verbrannt – er wollte ein neues, ganz anderes Leben beginnen. Vier Monate später wurde seine Leiche in der Wildnis von Alaska von einem Elchjäger gefunden. Jon Krakauer, für seine spektakulären Reportagen bereits mehrfach preisgekrönt, hat die abenteuerliche Wanderung des Chris McCandless anhand von Tagebucheintragungen, Postkarten und Interviews rekonstruiert.

Owen Beattie / John Geiger

Der eisige Schlaf

Das Schicksal der Franklin-Expedition. Aus dem Englischen von Uta Haas. Mit einem Nachwort von Sten Nadolny. 174 Seiten mit 40 farbigen und 19 Schwarzweiß-Abbildungen und zwei Karten. SP 2113

Am 19. Mai 1845 brach der britische Seeoffizier und Polarforscher Sir John Franklin zur Arktis auf, um die Nordwestpassage zu suchen. Die Reise endete in einer Katastrophe, in der alle 129 Besatzungsmitglieder den Tod fanden. Knapp 140 Jahre später stieß der kanadische Anthropologe Owen Beattie auf der Suche nach den Verschollenen auf Überreste der Ausrüstung und die Gräber dreier Seeleute. Ihre Untersuchung ergab eine verblüffend neue Theorie über den Untergang der Franklin-Expedition.